JN084847

進化する人事部

次代に向けた役割・機能変革の視点

労務行政研究所 編

労務行政

はじめに

　人事部門は、企業経営に対してどのように貢献を果たしていくべきか。これまで、さまざまな視点・論点から繰り返されてきた問い掛けです。日本経済が長い低迷に覆われた90年代から2000年代にかけては、「目に見える数値」での貢献を問われ、定型業務のBPOや教育研修の内製化、部門人員の縮減など、人事マネジャーらがコストカットに腐心した時期もありました。2010年代には「HR Transformation」というキーワードとともに、役割貢献の変革に向けた新たな考え方が広がりました。事業課題の解決を支援するビジネスパートナー、全社戦略に携わる専門家集団、オペレーション業務を高度に遂行するスペシャリストという三つの役割を軸に、人事部門が組織と人材の成長を支えるパートナーとして機能していくべき、というものです。そして、2020年代を迎えた今日、VUCA（Volatility・Uncertainty・Complexity・Ambiguity）の時代と呼ばれる不透明感の中で、企業の成長に関わる社内外のステークホルダーからの要請に対して、新たな役割を担う次の進化が人事部門に問われています。

　本書は、人事労務の専門情報誌『労政時報』の創刊4000号特別解説企画「大手コンサルティングファーム、シンクタンクが考える人事部の未来——次の10年に向けた視点・視座」に寄稿いただいた6社のコンサルタントの方々に、環境変化を見据えた人事部門の役割・機能変革や新たな価値提供の在り方、求められるスキルなど、さらに幅を広げて各社独自の切り口から次代の姿を説き示していただいたものです。直面する課題に取り組み、次の進化を模索している人事マネジャー、実務担当者の方々に、自社の変革に向けたアクションへのきっかけとしてお役立ていただければ幸いです。

　本書の刊行に当たり、貴重なお時間を割いてご執筆いただいた各社のコンサルタントの皆さまに、この場を借りて心より御礼を申し上げます。

2021年7月

労務行政研究所 編集部

目　次

株式会社野村総合研究所 73

「環境変化に強い組織・人材づくり」に向けた人事部門の役割

人事戦略、人事部門の役割・機能とケイパビリティ

マーサー ジャパン株式会社 107

ジョブ型雇用の実現を見据えた人事機能改革

環境変化・中長期的なトレンドに合わせた
人事マネジメントのアプローチ

経営と従業員の満足度を最大化する "両利き" の人事部への進化
次の10年、人事機能バージョンアップのための着眼点

"HRプロフェッショナル" の確立による人事部機能の変革を
より能動的なアクションで、会社を成長に導くための処方箋

KPMGコンサルティング株式会社

岐路に立つ日本の人事部門、変革に向けた一手

従業員経験、HRビジネスパートナー、
人材データ活用の３点から
これからのあるべき姿に迫る

大池一弥
執行役員 パートナー
People & Change Japan リーダー

油布顕史
People & Change プリンシパル

1 はじめに

「終身雇用」「年功序列」「定年制」といった戦後の高度経済成長下で成立した日本独特の労働慣行は限界に来ており、今日の新型コロナウイルス感染拡大（COVID-19）を機に日本型雇用が変わり始めている。

KPMGコンサルティングでは、「人事部門の現状と未来への展望」を明らかにすることを目的に、世界のHRリーダー1362社（うち日本65社）の回答結果を集計、さらに日本企業の人事部門の現状と課題について海外企業と比較し、2020年4月に日本版レポート「Future of HR 2020―岐路に立つ日本の人事部門、変革に向けた一手」としてまとめた。当レポートでは、今後の人事部門の位置づけや組織化、ビジネスへの貢献方法、デジタル化に向けた人材データ活用、さらに今日注目されつつあるエンプロイーエクスペリエンス（従業員経験）向上への対応など非常に示唆に富んだものとなっている。今回は、当レポートのエッセンスを紹介しながら、今後の人事部門の未来について考察する。

2 岐路に立つ日本の人事

❶日本の人事部門の現状──グローバルとの比較

今回の調査で、グローバルと日本との結果を比較すると一定の共通点がある一方で、相違点も見られた。典型的な相違点は、以下のとおりである。

（1）日本の人事部門は価値提供部門とみなされていない

「人事部門は、価値提供部門（バリュードライバー）ではなく、管理部門（アドミニストレーター）」と考えている回答者が、日本では60％とグローバル平均に比べ14ポイント高い[図表1]。

（2）日本企業はタレントマネジメントの自信度が低い

　企業の成長に不可欠なタレントマネジメントに関する自信の度合いについて、日本は優秀な社外人材の「惹きつけ」、社内人材の「離職防止（リテンション）」、社内人材の「育成」といったすべての項目でグローバル平均より低い［図表2］。

図表1　グローバル比較――現在の人事部門に関する認識

現在の人事部門は、価値提供部門（バリュードライバー）ではなく、
管理部門（アドミニストレーター）と思うか？

「強く同意する・同意する」

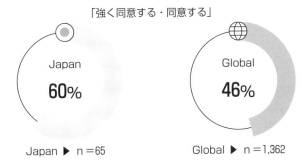

Japan
60%

Global
46%

Japan ▶ n＝65　　　Global ▶ n＝1,362

資料出所：KPMGコンサルティング「Future of HR 2020―岐路に立つ日本の人事部門、変革に向けた一手」（2020年4月）（以下同じ）

図表2　グローバル比較――タレントマネジメントに関する自信度

成長目標の達成に必要なタレントマネジメントに関する自信の度合いは？

「とても自信がある・自信がある」

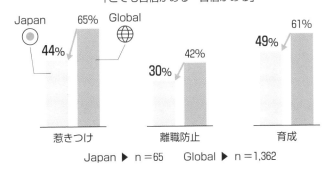

Japan　65%　Global

44%

30%　42%

49%　61%

惹きつけ　　　　離職防止　　　　育成

Japan ▶ n＝65　　Global ▶ n＝1,362

（3）日本の人事部門は価値創出の方法を模索中

　グローバルの人事部門では、事業戦略に沿ったカルチャーの実現や将来必要な人材の定義・準備に注力しているが、日本の人事部門は、組織内（自社）で価値を創出するための新しい方法を模索している[図表3]。

図表3　グローバル比較──注力している施策

人事部門が現在多くの時間と労力を注いでいる施策は？（複数回答）

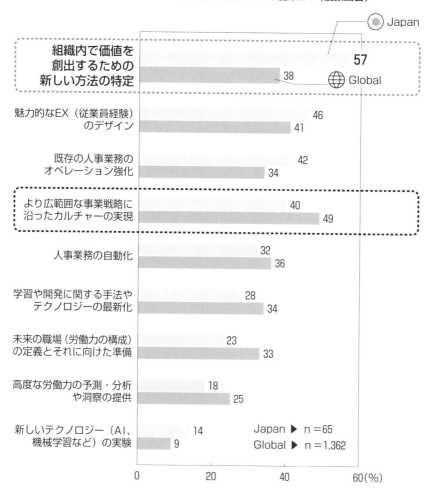

② 経営陣・従業員の人事部門に対するニーズの変化

　このような現状の背景には、経営陣および従業員の人事部門に対するニーズの変化がある。グローバル全体で従業員に対する認識は、異なる価値観や能力を持つ“個”へとシフトしている。しかし、日本の人事部門においては終身雇用をベースにした慣行等により、従業員を均一の価値観・能力を持った“集団”として捉える傾向が強く、人材マネジメントや人事制度も均一の集団を前提に運用されている。

　グローバルで“集団”から“個”へのシフトが加速する中で、従来型の人的管理を続けていくのか、あるいはその在り方を抜本的に変えていくのか、日本の人事部門は今、重要な岐路に立たされている［図表4］。

図表4　人事部門に対するニーズの変化

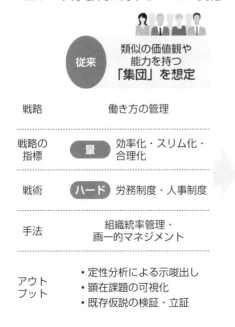

3 「集団」から「個」へのシフトに向けた 三つのキーワード

　前述の調査結果から、"集団"から"個"へのシフトに向けた取り組みのポイントを以下の三つのキーワードに整理した。

①エンプロイーエクスペリエンス

　　(Employee Experience：従業員経験。以下、EX)

②HRビジネスパートナー

　　(Human Resource Business Partner：HRBP)

③人材データ活用

１ 高まるEXへの関心

(1)従業員目線を取り入れる重要性

　従来の日本企業は、従業員を「集団」で捉える傾向が強く、働く志向性が異なる「個人」として焦点を当てることがなかった。しかし、労働者の働く価値観が多様化し、労働市場が流動化する今日では会社と従業員との関係が対等または逆転してきている。それに対応するため、従業員個々のエンゲージメント（働きがい）を高める大きな要因である「会社での経験価値（EX）」に注目が集まっている。本調査でも「人事部が現在多くの時間と労力を注いでいる施策」において、EXが前回調査（2018年）の7位から2位にジャンプアップしており、その関心は急激に高まっている[図表3]。

　EXとは、「企業とのあらゆるタッチポイントを通じて従業員が感じたこと・考えたこと」といえる。採用から退職までの人事プロセスのみならず、日常業務や上司との関わりも含まれる。EXに取り組むことは、これまで人事部門が取り組んできた採用、育成、キャリアパス、報酬、リーダーシップ、組織風土等、テーマは大きく変わらないが、従来と異なる点は、従業員目線を取り入れて戦略や施策をデザインすることである。これからの人事は、前例踏襲的な対応ではなく、起こっている問題・事象に対してスピーディーに対応

する思考力が問われる。また、これまでは生産性の向上・人材の有効活用といった「企業目線」からのアプローチが主流だったが、今後はワーク・ライフ・バランスや働きがいのある職場づくりといった「従業員目線」も取り入れながら制度や施策に反映させることが重要になる。

（2）働き方多様化の時代は魅力的なEXのデザインが不可欠

今日では、従業員が自分自身や家族の生活のために"働かなければならない"時代から"働きたいから働く"時代へシフトしており、従業員の働く選択肢が大幅に増えると予測される。また、フリーランスや副業・兼業といった新しい働き方、フレックスタイム制、時短勤務制度といった勤務時間の多様化により、これまでのように一企業の従業員が全員同じ働き方をする必要はなくなっている。さらに、日本では少子高齢化によりシニア世代の活用が必要になり、定年制の見直しやシニア世代にとって働きやすい職場づくりが求められている。社会や人々の生き方が劇的に変化・多様化していく中で、企業が従業員に対する考え方を時代に沿って変える必要があると認識し始めたことも、調査結果でEXが優先順位を上げた理由の一つといえるだろう。

現在の日本において、人々が「働く目的」や「働く意味」に焦点を当てたとき、もはや報酬水準を上げたり、福利厚生を充実させたりするだけでは、企業と従業員の良好な関係を長期的に維持することは難しくなっている。今後は、従業員の平等は尊重しつつ、従業員一人ひとりが企業に対して抱く期待が必ずしも同じではないことを企業があらためて認識した上で、魅力的なEXの提供について考えることが重要である。

◪ 現場の「ビジネスパートナー」としての期待役割の高まり

（1）重要視される人事部門のビジネスパートナー機能

企業が対応すべき業務の複雑化に伴い、必要となる要員スペックが高度化・多様化する中で、オペレーション中心であったこれまでの人事業務は限界に達しつつある。今後は、ビジネス現場における人的ニーズを把握し、量だけでなく質も見合った人材をタイムリーに供給するニーズが高まってくる。そ

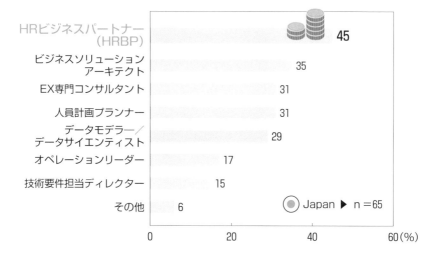

図表5　人事部門のビジネスパートナーとしての期待の高まり

人事部門において、今後2〜3年間で投資を行う必要がある役割は？(複数回答)

- HRビジネスパートナー(HRBP)：45
- ビジネスソリューションアーキテクト：35
- EX専門コンサルタント：31
- 人員計画プランナー：31
- データモデラー／データサイエンティスト：29
- オペレーションリーダー：17
- 技術要件担当ディレクター：15
- その他：6

Japan ▶ n＝65

こで、現場に寄り添いながら人的問題を解決できるビジネスパートナーとしての役割が重要になってくる。本調査においても、「今後投資すべき人事部の役割」として、ビジネス貢献に関する項目が最上位に上がっており、HRビジネスパートナー（HRBP）はその担い手として大きな期待を受けている［図表5］。

(2)「ビジネスパートナー」の役割

　人事部門内には大きく三つの機能が求められる。HRBPに加え、全社の人事戦略機能を担うCoE（Center of Excellence：センター　オブ　エクセレンス）、運営機能であるOPE（Operation：オペレーション）である。HRBPは、CoEやOPEに比べて、事業部門の幹部層から一般層まで幅広く直接的に働き掛ける点に特徴がある［図表6］。

　HRBPは、人事に関する意思決定を現場へ委譲し、企画・実行のスピード化を図るために設置される。また、HRBPのもう一つのミッションは、「全社人事戦略の実行に向け、事業部門のビジネスに貢献する示唆の提供」である。

図表6　人事部門の3機能とHRBPの業務

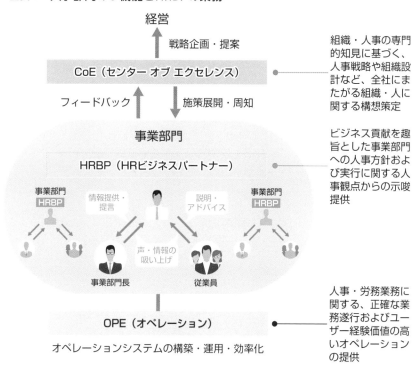

経営

戦略企画・提案

CoE（センター オブ エクセレンス）

組織・人事の専門的知見に基づく、人事戦略や組織設計など、全社にまたがる組織・人に関する構想策定

フィードバック　施策展開・周知

事業部門

HRBP（HRビジネスパートナー）

ビジネス貢献を趣旨とした事業部門への人事方針および実行に関する人事観点からの示唆提供

事業部門 HRBP　情報提供・提言　説明・アドバイス　事業部門 HRBP

声・情報の吸い上げ

事業部門長　従業員

OPE（オペレーション）

オペレーションシステムの構築・運用・効率化

人事・労務業務に関する、正確な業務遂行およびユーザー経験価値の高いオペレーションの提供

HRBPは、事業部門長クラスにとってビジネスに適した要員計画等を相談できる“人事領域のパートナー”であり、従業員一人ひとりにとっては“固有の問題について相談できる人事アドバイザー”といえる。また、企業が従業員を「集団」ではなく「個」として認識し始めたことで、HRBPは現場に最も近い人事機能として、人材の惹きつけ・離職防止に向けた情報収集や対策推進を最前線でリードする役割も期待されている。前述したEXを重要視するほどHRBPの機能は必要になるといえる。

（3）求められるのは、人事領域の専門性よりもビジネスリテラシー

　HRBPの人材要件は、CoEやOPEとは大きく異なる。CoEは人事戦略を構築するために必要な戦略構築力、OPEは効率化を推進するための人事業務の

専門性が求められる。しかし、HRBPに求められる人事領域の専門性は、CoEやOPEに比べると高くない。必要になるのは、担当する事業部門のビジネスについての知識およびそれを理解するためのビジネス構造に関するリテラシーである。なぜなら、ビジネス構造や事業展望に関する理解なしに事業部門に具体的な提言を行うことは困難だからである。特に、ビジネスの複雑性や変化のスピードが増している今日においては、ビジネスリテラシーがこれまで以上に要求される。一部の企業では、事業部門からHRBP人材を調達したり、人事部門内のスタッフにHRBPを任せたりする際は、事業部門の経営企画を経験させるといった戦略的な配置も行っている。

（4）HRBPの機能化に向けて（課題と対応）

このようにHRBPに求められているビジネス貢献の期待は高まっているが、課題もある。本調査において「HRBPは期待どおりの価値を発揮している」と回答した企業の割合は半数程度にとどまっており、順調とはいえない状況にある。これは、人事部門が事業部門に対して事務的業務に偏向した価値の提供にとどまっており、ビジネスニーズを踏まえた人材要件の提案、事業部門内の戦略的ローテーションの提案といった戦略的業務や、従業員個別のニーズを踏まえた業務アサインや教育の提案といった、支援的業務の観点からの価値を提供できていないことが考えられる。

HRBPのあるべき機能を発揮させるには、HRBPのミッションを明確化し、現在、HRBPが担っている事務的業務をOPEへ集約させることが考えられる。また、事業部門との人材交流によってビジネスの観点から提言する能力を強化するリテラシー教育なども有効である。

③ 自社にマッチした人材の獲得と離職防止を図る「人材データの活用」

（1）データ活用に関する期待の高まり

これまでの日本企業の要員管理に関わる人事業務は、"経験と勘"に基づく素案の作成と現場間の利害調整だったが、今日ではデータによる明確な根拠を基に経営へ人事案を提言し、意思決定を促すことが求められる。経営課題

の複雑化に加え、ITの急速な進化と取り扱うデータの急増、少子高齢化など
さまざまな要因でビジネスの不確実性が高まり、これに対応できる優秀人材
の獲得競争が激化している。

　企業は優秀な人材の獲得と離職防止を図るため、従業員との"結びつき"
であるエンゲージメントを高めるべく、従業員の「個」を適切に把握し、活
かすことが求められている。特に、優秀な人材のエンゲージメントを高める
ためには、従業員個人の志向を的確に把握し、異動・配置に活かす人材マネ
ジメントの高度化が不可欠である。本調査においても「今後２〜３年間で多
額の投資を行うと予想される人事テクノロジー」の第１位に「人材データ分
析」が浮上しており、その必要性が強く認識されている[図表７]。

（２）人材データ活用のメリットと今後の課題

　人材データとは、「人材に関わるすべてのデータ」と定義される。例えば、
性別・生年月日・所属といった人事データや給与データだけでなく、適性検
査結果や面接官のコメントといった採用データ、退職データ、メール送受信
内容のコミュニケーションデータ、ストレス耐性やアセスメントといったタ

図表７　人材データ分析の必要性の高まり

今後２〜３年間で多額の投資を行うと予想される人事テクノロジーは？（複数回答）

レントデータなども含まれる。昨今では、連携ツールの精度向上により、業務単位のデータベース間の連携が進んでいる。また、AIや機械学習の技術進歩により、従来は目視による活用にとどまっていた定性データの活用の幅も広がってきている。

　人材データを活用することは、人事業務の高度化につながる。例えば、異動・配置を考えてみると、これまでは企業側（人事や上司）から見えやすい従業員の特性や能力を主な判断材料としており、見えていないものは「ないもの」として漏れていた可能性がある。このような、企業からは見えにくい従業員の潜在的な特性や能力をAIや機械学習の活用によって異動・配置の判断材料に加えることで、従業員と配属先とのマッチング精度の向上を図ることができる。さらに、本人すら気づかなかった素養の発掘や適した職務の発見が可能になる。このように、企業視点での業務生産性の向上のみならず、従業員視点での"やりがい"向上にもつながり、結果的に企業と従業員との結びつきをより強固にする。そのほかにも、人事業務の生産性向上、人事部員の思考力向上、経営判断のスピード向上なども副次的効果として挙げられる。

　人材データ活用に関して人事部門が持つ課題感は、調査結果にも表れている。人材データ分析の課題として「（社内に）データを分析するケイパビリティが不十分である」と回答した割合が54％と最も大きくなっている。人材データの分析に当たり、「何を・どう行えばよいか分からない」という点でつまずいている状況がうかがえる。

　データ分析に必要なケイパビリティ、すなわち分析力を高めるためには、分析したい情報のおおよそのレベルを把握することが重要である。その上で徐々にデータに慣れ、データの質を上げながら成功体験を積み重ねていくことがレベルアップへの近道である。また、一過性の取り組みで終わらせないためには、体制面も重要である。前向きに取り組む体制づくりには、有志によるプロジェクトや上位役職者もメンバーに巻き込むなど企業風土や人材に応じた工夫が求められる。

　これから、日本企業がデータ活用によってビジネスを発展させるために必

要なことは、「データ分析ができるプロパー人材の育成」はもちろんだが、「経営者がデータの特性を理解して適切にビジネスに組み入れるスキルを持つこと」「創造性を重視する組織文化へと変革すること」である。とりわけ、日本企業は「統制」を重視する傾向が強いが、「協調」や「創造」を重視する企業でデータ利用が推進しやすい傾向がある。

4 これからの人事部門は「未来」×「ソフト」志向へ

■ 今後の人事最高責任者（CHRO）の取り組みテーマ

　今回の調査結果を通じて、「集団から個人を重視した人材マネジメント」「全社統制型組織から現場最適型組織」「経験重視からデータ重視」といった人事のトレンドが見えてくる。これまでの人事業務は、「日常業務」×「仕組み・体制」といった"現在＆ハード面"に目を向けていたが、これからは、「将来の組織・要員計画」×「カルチャー変革・従業員経験」といった"未来＆ソフト面"にシフトする必要があると考えられる。[図表8]に今後、日本の人事部門がフォーカスすべき領域と取り組みテーマをまとめた。

　グローバルの先進的な人事部門は、「テクノロジーの活用により従業員の日常の仕事やキャリア構築の過程で生じるさまざまな体験を瞬時に把握し対応する必要がある」と考えている。これは従業員を甘やかすことではなく、従業員一人ひとりを能力を持ったタレントとみなし、貴重な人材を引き留め、戦力として有効活用することであるといえる。

　上記のような人事部門の役割の変化から、今後の人事最高責任者（CHRO）の取り組みテーマを六つに整理した[図表8]。

① 人的リソースに関する有効な提言：社内の人材が保有するスキルを分析し、今後のビジネス方針に沿った示唆を提示すること

② 柔軟な要員配置の提言：テクノロジーを活用し、業務省力化の提言ができること。将来必要となる人材配置の予測力を向上させスピーディーな経営判断をサポートすること

図表8　これからの人事部門の役割と取り組むべきテーマ

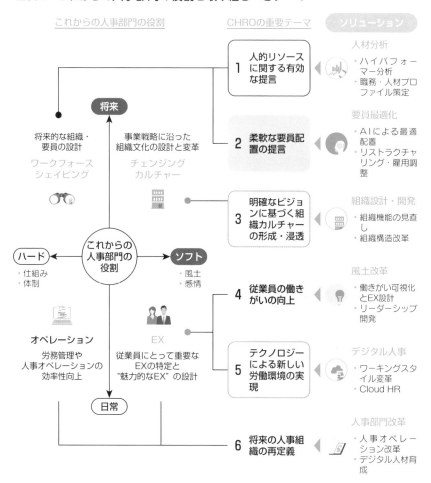

(3)明確なビジョンに基づく組織カルチャーの形成・浸透：社会における自社の価値・意義・役割を再定義し、事業戦略に適したカルチャーを明確化し、それにマッチした人材を採用・育成すること

(4)従業員の働きがいの向上：エンゲージメント調査の分析精度を向上させ、エンゲージメントに影響を与える要因を抽出し、働きがいを向上させるア

クションを策定すること

⑤テクノロジーによる新しい労働環境の実現：EX（従業員経験）を形成する従業員とのタッチポイントの設定と、デジタル等を活用した労働環境の整備

⑥将来の人事組織の再定義：将来に向けた人事オペレーションの刷新、人事部門内のタレント育成と今後必要な要員の調達

❷人事部門の価値向上に向けたステップ

人事部門が注力すべきフォーカス領域とテーマが明確になった後は、人事部・人事パーソンのあるべき姿・新たな役割の実現に向けて、どのようなアプローチが求められ、どう実践していくべきかを考えてみたい。

[図表9]は、人事部門の価値向上への道のりを示したイメージである。人事部門の現在地は、「調整型人事」といえる。これは文字どおり、事業部門の策定した事業戦略に基づく採用・配置・育成計画のサポートといった調整的業務を遂行する人事部門といえる。一方、最終ゴールである「パートナー型

図表9　人事部門の価値向上への道のり

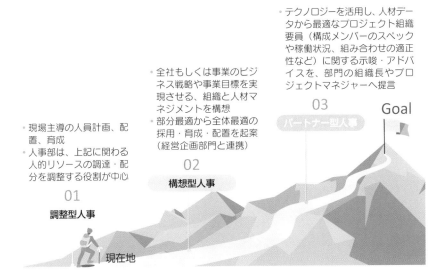

人事」は、人と組織の側面から、経営・事業戦略の達成を目指す機能を有する人事部門である。それは従業員の労務管理や定型のオペレーションだけでなく、より経営や事業に近い目線からの期待役割を果たすことでもある。

具体的には、組織・部門間の垣根が低くなり非定型業務やプロジェクト型業務が増加する状況において、テクノロジーを活用した人材データを基にプロジェクト業務を推進できそうな要員候補（構成メンバーのスペックや、組み合わせの適正性などを含む）に関する情報を提供する。また、プロジェクト業務は開始と終了があらかじめ決まっているものが多く、あるプロジェクトに適任な人材が見つかっても、他の業務に関与しているためにタイムリーに要員を供給できないケースも考えられることから、職務との適合性だけでなく、候補人材の稼働状況などリアルなデータを基にしたアドバイスを提供する。このような洞察力とポジティブな影響力を備えることで事業部から高い評価を得て、全社に影響を与える人的資源に関わるリーダーとしての地位を確立するのである。

しかしながら、このような姿に一気に変えることは容易ではない。そこで、パートナー型人事に向けた通過点として「構想型人事」を挟んだ。構想型人事は、既存事業の変革あるいは新規イノベーション事業の創出に向けて、会社やグループ全体のビジネス方針や事業計画にのっとり、あるべき組織や人材マネジメントを構想する機能である。通常、経営戦略にまつわる計画は経営企画部門が中心となって行い、人事部門が参画するケースは稀である。戦略とは、企業の長期的収益につながる事業を見極め、そこに資源を集中させることであり、人事部門が人的資源の観点から事業戦略を合理的・効率的に実行するための人材配置や仕組み・ルールを提言することは当然といえる。部分最適ではなく、全社・グループ最適の人員計画、要員配置、育成を構想する人事部への期待は年々高まっている。

次に、構想型人事部門変革に向けた取り組みについて考えてみたい。

③ 構想型人事に向けた三つの取り組み

今日、デジタルテクノロジーを活用した企業変革（DX）がメディアで大き

く取り上げられているが、DXを大上段に構えて全社レベルでやろうとすると、現場の混乱や現行業務の軋轢等で改革がうまく進まない例も多いようである。まずは小規模なアクションを通じて、これまでに蓄積してきた非効率な業務や優先度の低い業務を見直し、これから必要な業務とスキルの習得・伝承を着実に進めることが重要である。以下に、経営陣に存在感を示す身近な変革アクションを述べてみたい。

（1）アクション①：労働力確保～多種多様な人材を獲得できる雇用形態の整備

　多くの企業がビジネス環境の変化に対応するため、DXによる新しいビジネスモデルを創出し、顧客中心かつアジャイルな事業サービスを展開するなど、"両利きの経営"に向けて変革の舵を切っている。しかしながら、先にも述べたように日本の人事部門は、従業員を均一の価値観・能力を持った人材と捉え、それを前提に人材マネジメントを考え人事制度を運用してきた。つまり、人材を「イノベーション」や「変化」といった領域に対応させることを前提に置いた採用・育成をしてこなかったため、既存人材のみで変化を伴う取り組みを実行することはかなりハードルが高いと言わざるを得ない。

　このような中で、フリーランスやギグワーカーといった労働者が出現したほか、テクノロジーの進化によりAIやロボットなどの代替労働力の導入も進んでいる。これまでの前提が通用しないイノベーション創出やビジネスモデルの革新に向けては、既存の要員とオペレーションを前提とした固定化された労働力では対応に限界がある。将来のありたい姿を実現するために、幅広い雇用形態や労働力を想定した柔軟なワークフォースシェイピング（将来のビジネスシナリオを基に、タイミングごとに必要になる労働力ポートフォリオを策定し、その実現に向け労働力確保の計画を立てること）が求められる[図表10]。

（2）アクション②：既存人材の活用～事業部が納得する「人材ポートフォリオ」の構築

　人材ポートフォリオは、将来のビジネス方針や事業戦略に沿って従業員を

図表10　労働力ポートフォリオの現状と今後 (イメージ)

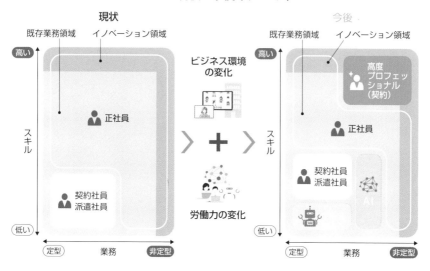

適切に配置するために、人材構成や運用を分析する手段として用いられる。これまでの日本企業は、正社員主体の雇用形態の下、会社が求める人材タイプが比較的シンプルだったため、このようなポートフォリオを活用する必要性がなかった。しかし、これからは事業方針に基づき事業領域ごとに求められる人材を細分化し、「どういったタイプの人材が、どのような役割を果たすことが期待されているか」を、現時点のみならず将来も加味した上で要員計画を策定することが必要となる。

　また、人材タイプごとに想定される要員数のみならず、雇用形態、評価や処遇、採用や育成に関する方針を定め、最適な採用・育成・配置・評価・報酬等の在り方を提言することが期待される。さらにリスク管理の観点から、現有人員数と今後の事業計画とを照らし合わせ、優先的に確保すべき人材領域を定めて重点的に資本投下することで、必要な人材が足りなくなってから慌てるような事態にならないよう将来の人材確保計画を準備することも必要となる[図表11]。

図表11　人材ポートフォリオの活用例

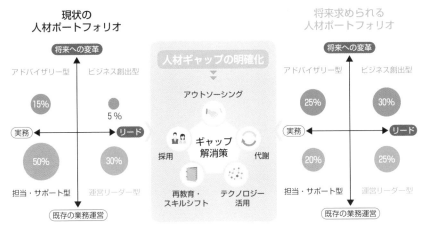

人事部門の人材ポートフォリオの再考

　まずは、人事部門の要員計画の一環として人材ポートフォリオを策定することを推奨したい。理由は、自らの部門で要員計画を検討することで留意すべき勘所が理解でき、他部門へ展開するときにその経験で得た知見が役立つからである。［図表6］で示したように今後の人事部門の機能は、①全社にまたがる組織や人材を構想する機能（CoE）、②事業部門の今後のビジネス推進に関する示唆を人材マネジメントの観点から提供する機能（HRBP）、③人事・労務の定型的な業務を正確なオペレーションで支える機能（OPE）の三つとなる。これらの機能組織に適した人材要件、想定人数、雇用形態に加え、評価・処遇・採用・育成を検討する必要がある。その上で、「将来求められる人材ポートフォリオ」と「現状の人材ポートフォリオ」を突合させ、人材ギャップを明確化してその解消策について検討する。例えば、優先的に確保すべき領域・代替労力のシフトやアウトソースすべき業務領域、スキルシフト（育成すべき）領域を明確にして、その領域ごとに確保・育成・代謝といった各施策を講じることである。

　KPMGコンサルティングが実施した2020年の調査結果で、"人事部門が付加価値部門に変わるために必要なスキル・能力・行動"について尋ねたところ、「データ分析力の強化による将来の予測・見通しの提供」と回答したのは全体の21％にとどまり、日本企業においてはデータ活用の優先度はあまり高くない[図表12]。しかし、人事部門の最も重要な取り組みの上位にある「EXを通じた従業員のエンゲージメントを低下させている要因の可視化と有効施策の検討」や「将来の労働力・人材要件の予測」は人材のデータとその分析力がなければ提供できない。この理由の一つとして、日本企業の多くは国内・海外のグループ企業を含めて人材データを一元管理できておらず、十分に活用できる状態になっていない状況があると推察される。

　具体的には、ガバナンス的側面とシステム的側面がある。ガバナンス的側面では、海外現地法人を含めてグループ全体のガバナンスを利かせる態勢が構築できていないため、人材データ活用に必要な情報が本社に集まりにくいことが挙げられる。システム的側面では、傘下の企業や部門が異なったシステムを使ってデータを管理しているため、データ連携が難しいことである。そして、有効なデータ活用を阻む根本的な問題として、現有人材のデータは、事業や人材の成長には直接関係の薄い労務管理用のデータが大半を占めており、今後の事業戦略や人材の成長に必要なデータが不足していると考えられる。事業・人材の成長にどういったデータが必要かを定義し、海外現地法人を含むグループ企業すべての人材データを収集する態勢を構築することから始めるとよいだろう。

事例　配置におけるテクノロジー（AI）活用

　人事部門におけるテクノロジー活用を身近に感じてもらうため、AIを活用した事例を紹介したい[図表13]。

　この会社では、採用・配置といった人事業務を数名の人事部員で遂行してきた。その結果、異動に関して膨大な時間を要するだけでなく、情報量が膨大ですべての従業員情報を把握できないため暗黙知による検討になるケース

図表12 「データ活用」に対する日本企業の取り組みの優先度は高くない

今後、人事部門にとって最も重要な取り組みは？

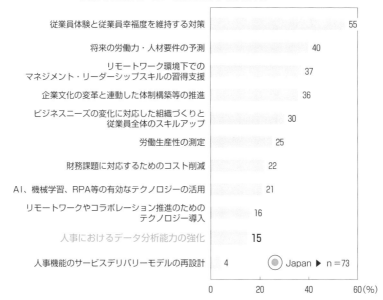

取り組み	値
従業員体験と従業員幸福度を維持する対策	55
将来の労働力・人材要件の予測	40
リモートワーク環境下でのマネジメント・リーダーシップスキルの習得支援	37
企業文化の変革と連動した体制構築等の推進	36
ビジネスニーズの変化に対応した組織づくりと従業員全体のスキルアップ	30
労働生産性の測定	25
財務課題に対応するためのコスト削減	22
AI、機械学習、RPA等の有効なテクノロジーの活用	21
リモートワークやコラボレーション推進のためのテクノロジー導入	16
人事におけるデータ分析能力の強化	**15**
人事機能のサービスデリバリーモデルの再設計	4

◉ Japan ▶ n＝73

0　　　　20　　　　40　　　　60(%)

付加価値を提供するために人事部門に必要と思われるスキル・能力・行動は？

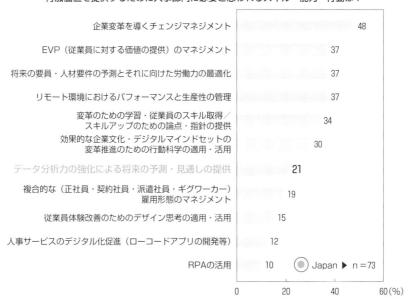

スキル・能力・行動	値
企業変革を導くチェンジマネジメント	48
EVP（従業員に対する価値の提供）のマネジメント	37
将来の要員・人材要件の予測とそれに向けた労働力の最適化	37
リモート環境におけるパフォーマンスと生産性の管理	37
変革のための学習・従業員のスキル取得／スキルアップのための論点・指針の提供	34
効果的な企業文化・デジタルマインドセットの変革推進のための行動科学の適用・活用	30
データ分析力の強化による将来の予測・見通しの提供	**21**
複合的な（正社員・契約社員・派遣社員・ギグワーカー）雇用形態のマネジメント	19
従業員体験改善のためのデザイン思考の適用・活用	15
人事サービスのデジタル化促進（ローコードアプリの開発等）	12
RPAの活用	10

◉ Japan ▶ n＝73

0　　　　20　　　　40　　　　60(%)

図表13　事例：AIを用いた戦略的人材配置の実現
　　　　〜これまでの業務プロセスとAI活用の効果

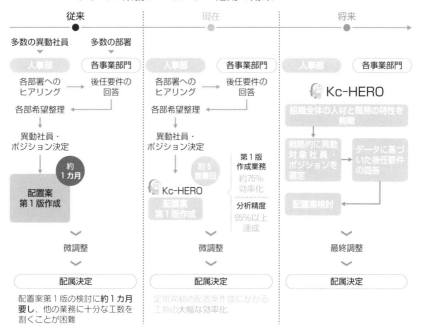

も多かった。さらに、配置の検討に当たり、本人の希望といった情報収集量にバラつきが多い上に、上司の見解も加わり、判断に影響を与える要素が多かった。

　そこでAIを活用して、ポスト要件と、本人希望のヒアリングコメントなどテキスト情報の分析を行い、人材とポスト要件のマッチングを行った。その結果、これまで配置案（第1版）の作成に約1カ月を要していた（各部署へのヒアリングなど事前準備を含めると1カ月以上時間を要していた）作業を約5営業日で完了できるようになった。工数の大幅な効率化とともに、これまでの人事部員の勘や経験に頼らず、客観的かつ合理的な異動配置が可能になった好事例である。この企業では、組織全体の人材および職務特性をAIに認識させ、戦略的に異動対象社員とそのポジションを選定し、配置案を検討

する活用を目指している。さらに、採用面では、社内のハイパフォーマーの人材データを分析し、その特徴や活躍できそうなシチュエーションを可視化することで、採用すべき人材要件を明確化し採用の精度を向上させることも検討中だ。

　このようにデジタルテクノロジーの活用は、企業の視点では人事業務の生産性向上に加え、可視化された従業員情報を経営層や現場にタイムリーに提供することによる経営判断のスピード向上というメリットがある。他方、従業員にとっては、適材配置や異動が促進されることでエンゲージメント向上がもたらされるというメリットが見込まれ、今後の人事部門の価値向上に大きく寄与すると考えられる（筆者注：[図表13]に示した「Kc-HERO」は、AIによる自然言語処理を活用して人材配置業務の効率化・高度化を支援するKPMGコンサルティングのソリューションとして誕生した。現在は自然言語処理を活用したアルゴリズムの特性を活かし、配置以外の人事業務への活用が進んでいる）。

5 結び

■ オペレーション型人事から戦略人事への変革に向けて

　これから人事部門が価値創造部門として変革を遂げるためには、社会における自社の価値・意義・役割を再定義し、事業戦略に沿ったカルチャーを明確化し、テクノロジーを活用しながらビジネスの推進を人的な観点から支援することが求められる。ポイントは、従業員一人ひとりの能力を個別に高めることではなく、従業員の持つ多様なスキルや能力を統合したり分散させることを通じて各部門への配分を行う、組織の人的デザイン能力だ。

　さらに、従業員目線を持ちつつ企業の今後のビジネスに沿った組織カルチャー（組織風土）を変革する能力も必要になる。組織カルチャーは、従業員の思考や行動に影響を与える"その組織特有の要因"であり、企業の長期的戦略を実行する能力に多大な影響を与える。しかし、「今後の組織カル

チャーはこういうものが望ましい」と明文化しても具体的に設計できるものではない。そのため、従業員がこの会社で働くモチベーションにプラスもしくはマイナスに作用する要素を可視化し、プラス要素は発展させマイナス要素は取り除くルールや施策を導入し、小さな変革を地道に積み重ねていくことが重要となる。

　風土改革で特に大切なのは、対象となる組織の風土がこれまでどのような要素で形成され、その風土で育った社員がどこまでの変革であれば受け入れられるのか見極めることだ。従業員にとって受け入れ難い改革は反発を招き瓦解しかねない。昨今のDXの改革を見ると、システム部門に偏向した業務改革やデータサイエンティストのような特殊スキルを持った人材の採用といった矮小化された改革に陥っている会社も多い。デジタルを活用する背景を含めて会社全体として何を実現したいのか、そのためには今いる人材はこれまでの考えや行動をどう変えなければならないのか、そしてこの変革を社員が受け入れるにはどの程度の時間が必要かということを織り込んだ上で改革に臨む必要がある。このように、組織改革には効率だけでは語れない非合理的な判断が求められることも付け加えておきたい。

　人事部門内の変革も同様であり、人事全体の運営を念頭に置いた変革を期待したい。包括的に人事運営を捉えてあるべき施策を検討することで、場当たり的な対応を回避でき、合目的的で実効性の高い改革が実現できる。企業の中には目に見える分かりやすい問題から優先的に手を付けるケースが見受けられる。将来構想を無視して、現時点で不足している領域の人材だけ採用して埋め合わせるようなケースである。そのような対応は問題をつぶすたびに新たな問題が表出し、抜本的な変革につながらないことが多い。

　KPMGコンサルティングでは、将来の人事部門のあるべき組織と業務を検討するフレームワーク「HR-TOM（HR Target Operating Model）」を活用している。前述した「構想型人事に向けた取り組み」もこの視点に留意して記載している。HR-TOMは、最上位概念である「人事ビジョン・ミッション」を実現するためのオペレーションとして六つの要素（組織、人材、機能・プロセス、テクノロジー、データ・レポート、ガバナンス）を段階的に設定

している。これらの要素に対して必要な仕組み・ルールを具体的に定め、さらに、人事スタッフはこれからどのように思考し、判断し、活動することが必要なのか具体的なアクションに誘導するための行動様式を規定する。こうしたフレームワークを活用することで、人事戦略の迅速な展開、改革の実行を可能にしている[図表14]。

図表14　戦略人事に向けたオペレーション変革モデル──HR-TOM

HR-TOM（HR Target Operating Model）のフレームワーク

	枠組みの主な構成要素	主要なKGI・KPI例
人事ビジョン・ミッション	人事部門としてのありたい姿やミッション、提供すべきバリュー、その到達目標を規定	KGI①量：生産性・労働分配率 KGI②質：エンゲージメント指数 KGI③VoC：社内顧客満足度
階層1 組織	CoE、BP、OPE等のサービス提供の組織体制を規定	KPI❶ 機能別人員比率
階層2 人材	地域別、事業部門別に必要な人材のスキルとコンピテンシー、役割等の概要を規定	KPI❷ コンピテンシー合致率
階層3 機能・プロセス	人事から他の組織へのサービス提供プロセスを規定（標準化、統合、自動化等）	KPI❸ アウトソース比率
階層4 テクノロジー	各プロセスにおいて必要なアプリケーションを規定	KPI❹ テクノロジー別ROI
階層5 データ・レポート	ビジネスに必要なレポートや管理レポート等の分析フォーマットを規定	KPI❺ レポート閲覧・活用比率
階層6 ガバナンス	運用面のリスク等を軽減するための統制を規定	KPI❻ リスク顕在化比率

33

☑おわりに
──「正解」がない時代、小さな実験を繰り返すことが成功への近道

　今日は世の中の仕組みが変わっていく速度が圧倒的に速くなっている。世界に目を向けると、米SECによる人的資本の情報開示の義務化（ISO30414）により人的資本経営の流れは世界的に加速し、この潮流は日本企業にも対応が求められると考えられる。この先も何とかなるだろうと成り行き任せで切り抜けられるほど状況は甘くない。筆者はクライアントの中期経営計画策定をサポートしているが、「これだけ変化の激しい時代だから中長期的なプランを立てても意味がないのではないか」という意見をいただくときがある。今後に向けてシビアな感覚を持つためには将来に向けたプランを立てて現状を把握することが大切であり、プランを実行するかどうかを自由に決めていくことが肝要だ。

　今必要なのは、世の中に起こっている新しいことを積極的に取り入れていくことだ。正解がないからこそ自ら考え、良いと思う方向へ踏み出してみる。踏み出す前に「これは大きなリスクだ」と思っていたことの大半は、通り過ぎてしまえば些細なことである。選択し、行動し、再び考える。この繰り返しで、まずは動いて実験してみることが今の時代においては最も成功の近道と断言できる。

　本稿が、今後の読者の人事部門変革の参考になれば幸いである。

大池一弥 おおいけ かずや

KPMGコンサルティング株式会社
執行役員 パートナー People & Change Japan リーダー

組織・人材マネジメント領域で22年以上の経験を有する。外資系コンサルティングファーム、事業会社等を経て現在に至る。人事戦略策定、人事制度設計、グローバルタレントマネジメント、人材開発・人材育成、人事システム導入支援、働き方改革支援の領域で数多くのプロジェクトを推進。

油布顕史 ゆふ けんじ

KPMGコンサルティング株式会社
People & Change プリンシパル

組織・人材マネジメント領域で20年以上の経験を有する。事業会社、外資系コンサルティングファームを経て現職。組織人事にまつわる変革支援－組織設計、人事戦略、人事制度（評価、報酬、タレントマネジメント）の導入・定着支援、働き方改革、組織風土改革、チェンジマネジメントの領域において数多くのプロジェクトを推進。

会社概要

本社 東京都千代田区大手町１－９－７　大手町フィナンシャルシティ　サウスタワー

従業員数 1153人（2020年7月1日現在）

事業概要 KPMGコンサルティングは、ビジネストランスフォーメーション、テクノロジートランスフォーメーション、リスク＆コンプライアンスの3領域を横断し、総合的なアドバイザリーサービスが提供可能なコンサルティングファームである。各専門知識と豊富な経験を持つコンサルタントが在籍し、さまざまなインダストリーに対し、幅広いコンサルティングサービスを提供している。

https://home.kpmg/jp/ja/home.html

デロイト トーマツ グループ

未来志向の組織にとって
人事部門は強みの源泉となる
「オペレーショナル人事」から「戦略人事」への真の転換

福村直哉
ヒューマンキャピタル／HRトランスフォーメーション
副事業責任者 執行役員／パートナー

島村麻衣
ヒューマンキャピタル／HRトランスフォーメーション
マネジャー

山本涼香
ヒューマンキャピタル／HRトランスフォーメーション
コンサルタント

椎葉直樹
ヒューマンキャピタル／HRトランスフォーメーション
コンサルタント

1 はじめに

　テクノロジーの急激な発達や従業員の価値観の多様化など、企業はこれまでに経験したことのない大きな変化に直面している。こうした変化に伴い、人事部門にも非連続な人事機能の高度化が求められるようになり、その実現なくして、企業活動の継続は難しくなってきている。

　本稿では、過去10年の人事トレンドの変遷を振り返った上で、未来の人事部門に期待される役割、ジョブ、備えるべきケイパビリティ（組織能力）、すなわち「次の10年を見据えた人事部門の在り方」について、当社の考えを提言する。

2 組織・人事領域の検討課題は ここ10年で大きな変化を遂げてきた

　当社では、2011年より10年にわたり、日本も含めたグローバルの人事トレンドを情報収集・分析し、毎年「グローバル・ヒューマン・キャピタル・トレンド」（以下、HC Trends）というレポートにまとめ、発信している。これは、グローバルで継続的に実施している人事、人材、リーダーシップに関する調査としては世界最大級のものであり、2020年は世界119カ国の約9000人に及ぶ人事部門責任者、管理職等から回答を得た。

　人事部門の未来を検討するに当たり、まずはこの10年でHC Trendsが取り上げた検討課題[図表1]をベースに、組織・人事領域を取り巻く環境変化や人事部門が認識しておくべき項目を整理したい。

1 企業を取り巻く質的・構造的な環境変化

　調査を開始した2011年は、2008〜09年のリーマンショックを契機とした世界的な大不況の後、経済を取り戻しつつあった。その後、景気は回復し、企業業績が向上した一方で、個々人の生活や政治的安定等の社会課題が解決し

ない状況に、人々は不満を抱くようになっていった。こうした社会課題のギャップを埋める役割として、政府や社会的機関のみならず企業への期待が高まるようになり、これが後述する社会的企業(ソーシャル・エンタープライズ)が興隆する背景の一つとなっている。

また、2011年以降の大きな変化として、テクノロジーの進化が挙げられる。モバイル、SNS等を活用した情報収集はこの10年で当たり前の行動となり、消費者・生活者は多くの情報を瞬時に手に入れられるようになった。その結果、「情報の民主化」が進み、消費者ニーズは多様化し、変化のスピードが加速した。企業は目まぐるしく変化する市場ニーズに適応する必要に迫られている。

こうした「企業の社会的影響の重視」と「テクノロジーの進化による市場の変化の加速」といった外部環境の変化に加え、企業の内部でも大きな変化が現れている。2010年代以降、企業内においてミレニアル世代(1983〜94年に生まれた世代)、Z世代(1995〜2002年に生まれた世代)の存在感が増していく中で、従業員はこれまでのような高い報酬、地位や名誉といった指標だけではなく、社会貢献の実感や自身が楽しいと感じられる仕事を選択する傾向が強まってきた。このような従業員の価値観の変化と併せて、生産年齢人口の減少により人材獲得が難しくなっているという環境変化も相まって、企業はより生産性を高くし、また従業員が働きたいと感じられる職場をつくり出す必要に迫られるようになっている。

加えて、2020年には新型コロナウイルス感染症(COVID-19)の影響で、企業は働き方に対する大きな変革に向き合うことになった。これまでなかなか進まなかったスマートワークの推進が、皮肉なことにCOVID-19を契機として一気に進む事態となる。企業は、これをきっかけにデジタル変革(Digital Transformation:DX)を加速させていく必要があり、この変革に成功した企業が今後、従業員によって選ばれることになっていくだろう。

2 ソーシャル・エンタープライズの興隆

2010年代後半には、収益と社会的課題の解決の双方を使命とする企業(当社では「ソーシャル・エンタープライズ=社会的企業」と呼ぶ)が出現する

図表1　HC Trendsが取り上げた検討課題の推移

		2011 革命／進化	2012 さあ、その先へ	2013 地平線を 再設定する	2014 次世代の 人材をいかに 惹きつけるか
個人の志向と帰属意識	ダイバーシティ&インクルージョン	ダイバーシティ&インクルージョンが業績を上げる		世界的な多様化の利点	ダイバーシティからインクルージョンへ
	カルチャー、エンゲージメント、エクスペリエンス			職場のブランディング	忙殺された従業員
	人材	上昇傾向にある人材		労働人口の高齢化、BRICs諸国からの人材発掘	採用戦略、リテンション
チームとキャリア、人材開発	労働の未来（Future of Work）	派遣労働者・契約社員	ワークにおける社会性と流動性	人材開放型経済、柔軟な職場環境の創造	
	ラーニング／キャリア	はしご（ラダー）から格子へ		人材育成競争	研修体系の再定義、従業員の能力の探求
マネジメントとリーダーシップ	パフォーマンス・マネジメント、報酬			業績管理を取り巻く問題	パフォーマンス・マネジメントの崩壊
	ピープル・アナリティクス	労働力分析	すぐ間近にある人材リスク	人材分析：経済学者のように考える	人事データ分析・活用
	リーダーシップ	次世代リーダー、集団リーダーシップ、統制された中での統率	トップへの出世、成長率が♯1、オペレーショングローバル化	次世代リーダーシップ：スーパーヒーロー神話を打ち砕く	リーダーシップ：全レベルを網羅する
人事部門の在り方	進化するHR	クラウドでのHR、COOsの人事、エンプロイヤーのヘルスケア改革、緊急性の高い市場	クラウドの見通し	人事変革、経営陣によるHRのゲームチェンジ	新たなスキルを獲得したHRチーム、グローバルとローカルHR、クラウドへの競争

資料出所：Deloitte Insights「グローバル・ヒューマン・キャピタル・トレンド」

2015	2016	2017	2018	2019	2020
新たな時代の人事の在り方	新たな組織：デザインの転換	デジタル時代の新たなルール	ソーシャル・エンタープライズの興隆	ソーシャル・エンタープライズへの進化：人間中心の組織改革	ソーシャル・エンタープライズの実際：パラドックスを超えて
		リアリティ・ギャップ	企業市民とソーシャルインパクト		帰属意識：「安心」から「一体感」に、そして「貢献」へ
企業文化と従業員のエンゲージメント	組織文化、エンゲージメント、デザイン思考	組織文化とエンゲージメントとその先を見据えて	ウェルビーイング、ハイパーコネクテッドな職場	エンプロイー・エクスペリエンスからヒューマン・エクスペリエンスへ	ウェルビーイング実現に向けた仕事のデザイン
最適な要員配置の実現		コグニティブによる採用	健康寿命延伸による恩恵	人材へのアクセス、タレント・モビリティ	未来の労働力：ミレニアル世代からペレニアル（多年生）人材へ
働き方のシンプル化、人材としての人工知能	ギグ・エコノミー、組織デザイン	拡張労働力、未来型組織	労働力のエコシステム、AI・ロボティクス・自動化	ジョブからスーパージョブへ、代替的労働力、組織のパフォーマンス	スーパーチーム
学習・人材開発	従業員を主役とした学習・人材開発	リアルタイム・継続的な学びの実現	キャリアからエクスペリエンスへ	生活・生涯を通じた学習	ナレッジマネジメント、新しいスキル獲得を超えて
グローバル人材マネジメント、業績管理		パフォーマンス・マネジメント：勝利の切り札	新たな報酬：パーソナライズ・アジャイル・ホリスティック	報酬：ギャップを埋める	報酬の難問：より人間的なアプローチのための原則
人事と人材の分析、データ活用	人材分析：加速中	ピープル・アナリティクス：新たな道を進む	ピープルデータ：どこまでが許容範囲か？		人材戦略の手綱を握る
リーダーシップ開発	リーダーシップの覚醒：チーム、科学的アプローチ	リーダーシップ革命：限界を超える	シンフォニックな（協奏する）経営陣	21世紀のリーダーシップ	倫理と労働の未来
人事機能の再構築	HR：新たな使命 デジタルHR：革新を起こす	デジタルHR：プラットフォーム・人材・仕事そのもの		HRクラウド：終着点ではなく出発点	HRへのメッセージ：焦点を広げ、影響力を高める

ようになった。2020年の世界経済フォーラムでは、存在意義（パーパス）と倫理が議題の中心となり、HC Trends 2020では、回答者の50％が組織の存在意義を「組織が奉仕しているコミュニティや社会を含む、すべてのステークホルダーまで広げている」と回答する等、わずか数年でソーシャル・エンタープライズは一般的な概念として定着しつつある。さらには、前述のとおり、ミレニアル世代・Z世代といった社会貢献に価値を見いだす世代の台頭もあり、社会の課題解決を使命としない企業は、従業員からも選択されず、今後淘汰の対象になっていく可能性すらある。

❸ 従業員個人に対する価値や経験の提供がより重要に

　デジタル化による情報の民主化や、多様な価値観を持つ世代の台頭により、市場ばかりでなく、企業内においても、より「個」が重視されるようになる。このような価値観の変化に対応するには、これまでのように従業員のエンゲージメント（愛社精神）やカルチャー（企業文化）に着目するのではなく、企業におけるさまざまな機会を通じて従業員一人ひとりが価値を感じられる経験を提供することが求められる。当社では、2016年にこのコンセプトを「エンプロイー・エクスペリエンス」（従業員が企業や組織の中で体験する経験価値）と定義したが、2019年には、企業内の経験のみにとどまらず、一個人としての健康、働きがい等の幸福をも重視する「ヒューマン・エクスペリエンス」と定義を拡張している。

❹ 仕事はネットワーク型、人間と機械との統合型に

　テクノロジーの進化は、組織の在り方や仕事のデザインにも変化を求めるようになった。日々変化する市場ニーズに応えるためには、従来のヒエラルキー型組織による上意下達の意思決定では、環境変化のスピードに順応できなくなってきている。そこで現れたのが、「ネットワーク型組織」である。ネットワーク型組織は、限られた上位者のみが意思決定を行うヒエラルキー型組織とは異なり、共通の目的意識を分かち合うチームにおいて、自律した個人がその場に合わせて判断を下すことが特徴である。その結果、迅速に成

果を創出することが可能となる。

　また、生産年齢人口の減少に伴い、機械にできる仕事は機械に任せ、人は人にしかできない創造的な仕事やコミュニケーション等に注力することが求められるようになった。仕事はRPAやAI／コグニティブ等の「拡張労働力」を含めて統合的にデザインしなければならない。

　さらには、テクノロジーの進化により企業が人材に求めるスキルも日々変化しており、そうしたニーズに応えられる人材が、日本のみならず世界規模で不足し、人材獲得競争が激化している。このような状況下において、企業は既存の人材の「リ・スキル」や「ローテーション」による内部育成を重視する傾向になってきている。

5 リーダーシップ・マネジメントの在り方も、より機敏に、データを基に判断・実行するようになる

　人事評価（パフォーマンス・マネジメント）についても、この10年で変化している。従来の年一度の目標設定や評価では、事業変化のスピードに追従できなくなっており、RPM（リアルタイム・パフォーマンス・マネジメント）のコンセプトが生まれた。日々のパフォーマンスに対する週次や隔週でのチーム内でのフィードバック（「Check-in」や「1 on 1」と呼ぶ）や、四半期ごとのタレントレビュー等、これまで以上に高頻度にパフォーマンス・マネジメントを行い、事業の変化に人が追い付ける状況をつくり出すことを狙いとしている。

　また、報酬についても変化が現れている。価値観の多様化や仕事の種類の複雑化に伴い、より個人に焦点を当て、一人ひとりに最適化された報酬が求められるようになってきた。さらには、報酬とは単に金銭的な報酬のみを指すのではなく、「トータルリワード」という従業員が企業で得られる経験のすべてを報酬と捉える考え方が広まってきている。

　そして、これらを実現するためには、さまざまなデータが統合的に管理され、必要なときに鮮度の高い情報を取得・活用できなければならない（詳細後述）。ここ2～3年の間に、企業ではタレントマネジメントシステムの導入

が盛んになっているが、今後はその蓄積されたデータを最大限に活用することが求められる。

こうした変化は、経営におけるCHRO（Chief Human Resource Officer ＝ 最高人事責任者）の位置づけを、より重要で、根幹を成すものとする。人事部が独立して人事業務を行うのではなく、CEO（最高経営責任者）やCFO（最高財務責任者）、CIO（最高情報責任者）等と一体となり、時にはCHROが主体となって経営のリーダーシップを発揮することが必要となってきている。

6 「オペレーショナル人事」から「戦略人事」への転換要請

これらのさまざまな変化への対応が求められる中、人事部門は定型化された人事業務を確実に遂行する「オペレーショナル人事」からの脱却を迫られている。当社では、人事部門が価値を提供する顧客として「従業員」「経営」「事業リーダー」「採用候補者」等を定義しているが、これらの顧客に対し、人事部門はどのような価値を提供すべきかを、あらためて考え直さなくてはならない。

そのためには、デジタルテクノロジーやデータを活用することがより重要になるが、どちらかというと企業内の他部門と比較して人事部門は遅れているケースが多いのではないだろうか。これからの人事部門は、むしろ率先してデジタルを使いこなし、全社に対してデジタルな働き方をリード・指導する「戦略人事」となっていくことが求められるようになる。

3 人事部の未来とは ──人事部が提供すべき価値と成果、そして人事人材の育成

1 顧客は人事部に価値発揮を心底期待している

人事部門は単なるバックオフィス、管理部門、オペレーション部門ではなく、「人材」というあらゆる組織で最も強力な資産に影響を与える中核機能と

しての役割が期待されている。グローバルでは、こうした変化に適応できなかった場合の人事部門の顛末（てんまつ）も現れてきている。幾つかの大企業では、CHROの役職が廃止され、人事チームは他の経営陣や部門リーダーの下に異動する事例も出てきている。

これらの事例からも、人事部門の「存在意義が問われている」ことは明らかだ。HC Trends 2020の回答者は、今後大きな変化がやってくると認識している一方で、人事部門に変化を機会として活かすだけの能力があるかどうかを疑問視している。人事部門に所属していない回答者の26％が、「人事部門は求められる変化を実行できるか定かではない」と回答し、37％が「実行できるという確信が少し持てる」と回答している。人事部門所属の回答者でさえも疑問を呈しており、「この変化を実行できると確信している」と回答したのは、わずか13％だった。

2 人事部門に求められる「今日の成果」と「明日の成果」

これからの人事部門は、人材戦略をリードし、あらゆる人材にアクセスしてチームのコラボレーションを促進しながら、これまでになかった体験と生産性向上のために人の経験を収集し、新たな意味や価値を付与する役割を担っていく。つまり、組織・人材という観点から企業をリードする存在にならなければならない。企業がよりスピーディーに革新し、競争に打ち勝ち、生産性を向上させることが、人事部門にとっての目指すべき成果となる。

当社では、これから人事部門に求められる成果を七つに分類している。これまでと何が違い、変わっているのかを見ていこう[図表2]。

(1) リーダーシップの開発

変化が緩やかだった時代は、前例踏襲型のリーダー（前任のリーダーと同様のスキルを身に付けた経営者）を育成・抜擢（ばってき）することが人事の仕事だった。しかし、不確実性の高い時代を企業が生き残るためには、未知の機会に対処し、新たな道を切り開くことができるリーダーシップの能力を開発し、それらの能力を備えたリーダーたちが協働する経営チームを構築する必要がある。

影響範囲	今日の成果	明日の成果
リーダーシップの開発	前例踏襲型で前任者等と同様のスキルを身に付けたリーダーの育成	不確実性の高い時代に未知の機会を切り開くことができるリーダーシップの能力開発およびそれを備えたリーダーによるリーダーシップ・チームの構築
従業員のスキルアップ	画一的な社員を対象としたスキル研修の提供	個人やチームの単位でカスタマイズされたラーニング・エクスペリエンスの提供
チーム化とアジリティの促進	階層型・マトリクス組織におけるチーム制の運営	社外／協働も含めたチームの構築
ヒューマン・エクスペリエンスの実現	社内の従業員を対象に据えたエンプロイー・エクスペリエンスのデザイン	社外顧客の視点を取り入れたヒューマン・エクスペリエンスのデザイン
人材（能力）へのアクセス（人材獲得）	事業ニーズに応じた社外人材の採用	社内外を統合して必要な人材（RPA／AI等の拡張労働力も含む）へアクセスできる仕組みの構築・活用
仕事の進め方における自動化の導入	HRプロセスの効率化のためのツール導入	企業全体の一連の仕事すべてのデジタル化の主導
組織の目的の定義と推進	経営理念や行動指針の策定	個人の成し遂げたいこと（パーパス；存在意義）と、企業や社会の成し遂げたいこと・方向性の連携の実現

（2）従業員のスキルアップ

　男性中心や一つの国籍など、これまでは従業員の属性が単一であり、かつ求められるスキルも固定的だったため、画一的なスキル研修を提供することが人事部門の仕事だった。しかし、従業員の属性や志向が多様化し、かつ求められるスキルが刻々と変化する時代には、個人やチームの単位でカスタマイズされた学習体験を提供し、企業にとって真に求められるスキルを従業員が身に付けられるようにする。

（3）チーム化とアジリティの促進

　これまではヒエラルキー型もしくはマトリクス型の固定的な組織編成を前提とした中でのチーム運営が求められてきたが、これからはビジネスニーズの変化に合わせて、より柔軟な人材を組み合わせたチーム編成が重要になってくる。社外の人材も含めた協働を実現できるチーム構築が、人事部門に求められる成果となる。

（4）ヒューマン・エクスペリエンスの実現

　これまではエンゲージメントやエンプロイー・エクスペリエンスの向上に向けて、社内に視点を置きながら、人事業務・制度・研修等をデザインすることが求められてきた。しかし、これからは従業員が一個人としてヒューマン・エクスペリエンスの実現のために、従業員自身の仕事を通じて社会への貢献実感を得ることで、その存在意義を見いだすことが求められるようになる。企業において従業員が従事する仕事が、世の中や社会に対してどのような意義を持つのかを、社外の顧客やステークホルダーにまで目を向けて統合的にデザインし、従業員へ提供する。

（5）人材（能力）へのアクセス（人材獲得）

　これまで必要な人材は、新卒一括採用に加え、事業ニーズに応じて社外から獲得してきたが、少子高齢化やテクノロジーの進化により、求めるスキルを保有する人材の獲得競争の厳しさが増してきた。これからは社内外を問わず、さまざまな人材情報へとアクセスできる仕組みを構築・活用し、さらには人以外の労働力（RPA／AI等）も含めた検討を行い、会社に対し労働力を供給することが、人事部門に求められる成果となる。

（6）仕事の進め方における自動化の導入

　人事業務はとにかく紙が多い。COVID-19によってリモートでも業務遂行ができるようペーパーレス化が加速すると考えられるが、業務プロセスの効率化のためのツール導入だけでは十分ではない。これからは人事業務のみな

らず、事業現場の業務やコーポレート業務など、企業におけるすべての仕事のデジタル化を主導し、実現することが人事部門に求められている。

（7）組織の目的の定義と推進

企業の経営理念や行動指針を浸透させることにとどまらず、従業員個人の成し遂げたいこと・パーパスと、企業や社会の成し遂げたいこと・方向性を連携させ、企業と従業員の進むベクトルを合わせる。

3 ヒューマンキャピタルマネジメントシステムの構築

こうした人事部門の変革を実現するに当たり、ベースとなるのが種々の人事関連情報が統合的に格納された「ヒューマンキャピタルマネジメントシステム」だ[図表3]。

DX（デジタル・トランスフォーメーション）が企業において必須となっている今、人事領域もその対応に迫られている。留意すべき点は、DXとは単なる定型業務の効率化・自動化ではないということだ。CX（カスタマー・エクスペリエンス）を高めることがDXの使命とすると、人事部門におけるカスタマー、すなわち従業員、経営、事業部門のリーダー等にとって高い価値を提供することが、人事部門におけるDXの最大の目的となる。

人事情報のデジタル化は、ここ数年で大いに進化しつつある。数年前までは人事・給与システムの情報のみがデジタル化されていた状態だったが、今ではタレントマネジメント情報（人事評価／人材開発等）がデジタル化されてきている。ここに、例えば1on1などの「面談記録」や「各人材の経験・経歴情報」「従業員間のネットワーク情報」「エンゲージメント」といった、これまでデジタルデータとして格納されてこなかった情報が追加されることで、人事が取り扱う情報は格段に増え、この情報を基に分析を実施したり、グラフなどを使って分析結果を一目で分かるように情報を可視化したりするなどして迅速な経営判断を仰ぐことができるようになる。これまで経験と勘で施策を行ってきた人事の世界で、根拠を持った判断が行えるようになる。

図表3 ヒューマンキャピタルマネジメントシステム

クラウド型の人材管理システムに加え、
RPA／AIなど人事領域におけるテクノロジーの活用はさまざまな局面に及んでいる

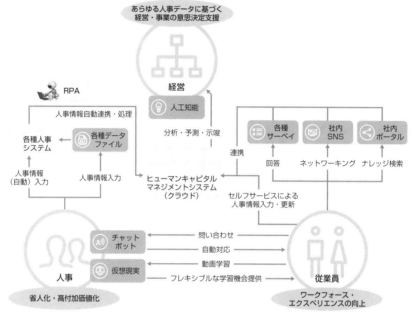

資料出所：デロイト トーマツ コンサルティング合同会社『最強組織をつくる人事変革の教科書』
（日本能率協会マネジメントセンター）

🔳 人事部門の仕事は「サイロ化」から「スーパージョブ化」へ

　人事部門に限らず、仕事内容はますます流動的でダイナミックなものになっており、硬直化した指揮命令系統からチームのネットワークへ、規定されたルーティンワークや職務内容から拡張された職務キャンバスへ、そして、狭いスキルから幅広い能力へといった変化が、企業全体で起こっている。人事部門においても、目まぐるしく変化する組織・人事課題に対応するためには、これまでのような機能別にサイロ化（たこつぼ化）された人事組織では対応できなくなってきている。これからの人事部門は、コストと効率性を重視する考え方から脱却し、コンサルティング、分析、およびソリューション志向となるべく、その機能を拡張する必要がある［図表4］。

図表4　これからの人事部門の仕事

基盤的役割　　　　　　　　　　　　　　　　　　　新たな役割

HRリーダーシップ

ビジネスHR
アドバイザー

専門家の
コミュニティ

人事業務の
スペシャリスト

ワークフォース・
エクスペリエンス設計

ソリューション設計

プロダクト
マネジャー

アジャイル
リーダー

デジタルHR
インテグレーター

拡大人事スペシャリスト

　まず、人事組織を考える上での大前提として、以下のような「役割型への
シフト」はこれからも求められ続ける（詳細は拙著『最強組織をつくる人事
変革の教科書』［日本能率協会マネジメントセンター］を参照）。

- 企業のビジネス・リーダーシップと密接に連携したHRリーダーシップ（HR Leadership）
- ビジネスHRパートナーおよびアドバイザー（Business HR Advisor）
- 専門家のコミュニティ（CoE Specialist）
- 人事業務のスペシャリスト（Operational Services Specialist）

　役割型の人事組織をベースにしながら、人事部門の仕事は人間と機械のパー
トナーシップの拡大により、これまで個別に行われていた仕事を統合すること
が可能になってきている（この統合された仕事を「スーパージョブ」と呼ぶ）。

　テクノロジーの進化により仕事の一部が自動化されると、人間のために残
された作業は、より洞察を求められるサービスを指向するようになり、デー
タを解釈して問題を解決する形に変化していく。そうした新たな仕事におい
ては、想像力、好奇心、自己開発、共感など人間特有の能力が役立てられる
ようになる。

5 人事スーパージョブの例

1）プロダクトマネジャー（Product Manager）

　　人事部門のポリシーを策定し、人事部門におけるサービスやプロセスを横断的にマネジメントすることで、これまでサイロ化されていた人事機能を統合する（例えば、報酬と評価を担当するプロダクトマネジャーが、機能領域全体にわたって人事ポリシーとの整合を担保する）。

2）ワークフォース・エクスペリエンス設計
　（Workforce Experience Architect）

　　従業員の視点に立ち、生産性・エンゲージメントの双方を高め、かつ積極的に勤務先としての企業の魅力度を高めるために施策を検討し、社内および社外の組織全体を巻き込み、経験の開発・マネジメントをする。

3）ソリューション設計（Solution Architect）

　　複数の専門分野（採用、報酬、人材開発等）のチームが連携し、従業員と企業双方のニーズを満たし、顧客と社会に価値をもたらす組織全体の人事ソリューション／製品を設計・構築する。

4）拡大人事スペシャリスト（例えば、拡張リクルーター、拡張報酬専門家等。
　　Augmented HR Specialist）

　　自身の担当領域（採用、報酬等）において、スペシャリストとして最先端のコンセプト導入や高度なテクノロジー・ツールの設計をリードし、担当人事サービスを継続的に改善することで、顧客に高い価値を提供する。

6 将来の人事プロフェッショナルが備えるべきケイパビリティ

　　以上のような新たな人事のスーパージョブを実現しようとすると、将来の人事プロフェッショナルは、自らの行う業務の目的、求める成果、目標の意味を理解した上で、徹底的な顧客志向とデジタル活用、機敏性、柔軟性、起業家精神、データを基に判断・実行するといった組織的能力を備え、より自律的に業務を進めることが求められるようになっていく。当社では、将来の人事プロフェッショナルが備えるべき組織的能力を10の要素で定義している［図表5］。

図表 5　人事プロフェッショナルが備えるべき組織的能力

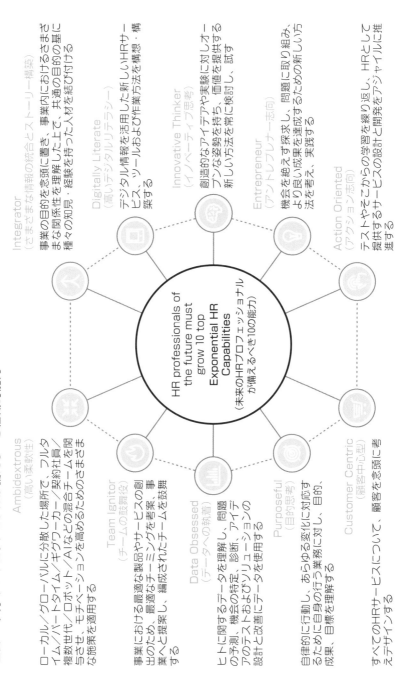

Integrator
（さまざまな視点の統合）

事業の目的を念頭に置き、事業内におけるさまざまな関係性を理解したうえで、共通の目的の星に種々の知見・経験を持った人材を結びつける

Ambidextrous
（高い柔軟性）

ローカル／グローバルに分散した場所で、フルタイム／パートタイム／ギグワーカー／契約社員／複数世代／ロボット／AIなどの混合チームを関与させ、モチベーションを高めるためのさまざまな施策を適用する

Digitally Literate
（高いデジタルリテラシー）

デジタル情報を活用した新しいHRサービス、ツールおよび作業方法を構想・構築する

Innovative Thinker
（イノベーティブ思考）

創造的なアイデアや実験に対しオープンな姿勢を持ち、価値を提供する新しい方法を常に検討し、試す

Team Ignitor
（チームの鼓舞役）

事業における最適な製品やサービスの創出のため、最適なチーミングを考案、事業へと提案し、編成されたチームを鼓舞する

Data Obsessed
（データへの執着）

ヒトに関するデータを理解し、問題の予測、機会の特定、診断、アイデアのテストおよびソリューションの設計と改善にデータを使用する

Purposeful
（目的思考）

自律的に行動し、あらゆる変化に対応するために自身の業務の行う業務に対し、目的、成果、目標を理解する

Customer Centric
（顧客中心型）

すべてのHRサービスについて、顧客を念頭に考えデザインする

Entrepreneur
（アントレプレナー志向）

機会を絶えず探求し、問題に取り組み、より良い成果を達成するための新しい方法を考え、実践する

Action Oriented
（アクション志向）

テストやそこからの学習を繰り返し、HRとして提供するサービスの設計と開発をアジャイルに推進する

HR professionals of the future must grow 10 top **Exponential HR Capabilities**
（未来のHRプロフェッショナルが備えるべき10の能力）

　これからの人事部門では、これらの組織的能力の幾つかを備えた人事プロフェッショナルがチームを組み、人事部門としての成果を実現する姿が理想となる。変化に富む時代に、正社員等の枠にとらわれないさまざまな人材（RPA等も含む）を活用し、顧客が価値を感じられる革新的なサービスを機動的に生み出し、提供していくことが求められるようになっていく。

4　なぜこのような大きな変化が求められるのか？ ──人事横断での解決が求められる課題の増加

　前述のスーパージョブのような新たな人事の在り方を示されたところで、それが実際に人事部の中で起こるのはまだ先の話、と考えてしまうのではないだろうか。ところが、人事部が抱える課題の中には、スーパージョブのような機能横断で解決していかなければ真の解決にはつながらないものが幾つか見られるようになってきている。

■横断課題の代表例：エンプロイー・エクスペリエンス

　最も特徴的で、多くの企業が抱える課題として、「エンプロイー・エクスペリエンスの実現」を例に紹介したい。

　本稿前半で述べたとおり、人事部を取り巻く環境はこの10年で大きく変化してきた。特にこれまでは「企業」のみを主体として種々の施策を検討していればよかった人事部が、新たに「従業員」の視点を考慮する必要に迫られている点が大きな変化となっている。では、なぜそうした変化が起こっているのか。

　従来の企業は、全社レベルの目標をトップからブレイクダウンし、組織、個人への目標を設定し、その目標に対して従業員が達成をコミットする形で事業を推進するスタイルであった。このスタイルは、従来のように変化のスピードが緩やかなビジネス環境においては、企業のトップの判断や意思を組織全体に反映させ、企業全体が同じ方向を向いてビジネスを実現していくこ

とができるという大きなメリットを持っていた。

　一方で、このスタイルで長年ビジネス環境を勝ち進んできた企業では、仕事は上位層の判断に従って進めるべきもの、というカルチャーが根付くようになり、"決められたことを愚直に遂行する"社員が大半を占めるようになったという弊害も起こっている。そのような中、ビジネス環境はデジタル技術の指数関数的な発達等を背景にVUCA（Volatility：変動性、Uncertainty：不確実性、Complexity：複雑性、Ambiguity：曖昧性の四つの単語の頭文字をつないだ造語）時代へと突入し、従来のような上意下達・トップダウンでの業務遂行スタイルでは、ビジネス変化のスピードについていけない状態となってきている。組織・人事はこのような時代に対応できる状態をつくり出すことを迫られるようになった。

　加えて、企業においては、ミレニアル世代・Z世代といった多様な価値観を持つ人材が従業員の大半を（2025年には労働人口の75％を）占めるようになり、終身雇用を約束される代わりに滅私奉公で労働力を提供し、トップダウンで示される目標に対し無条件にコミットするという従来のスタイルは崩れつつある。さらに、これらのミレニアル世代・Z世代の人材を中心に、日本でも経験者採用市場が活況となり、不確実なビジネス環境を勝ち抜くための優秀人材の獲得競争が加速しており、人材流動化が年々進んでいる。こうした背景の中で、人材が働くことの意義を感じ、働き続けたいと感じる企業が、人材を獲得し雇用し続けられる企業として生き残っていくことになる。

　このような背景の中で、企業にとって必要な人材を確保しリテンションしていくためには、エンプロイー・エクスペリエンスの視点を欠かすことはできない。2016年のHC Trendsで初めて現れた"エンプロイー・エクスペリエンス"という言葉は、わずか数年で人事を考える上で外すことができないキーワードとなった。

　しかし、エンプロイー・エクスペリエンスと一言で言っても、企業に所属する中で従業員が得る経験というのは非常に幅が広い。今回は、従業員が入社してから自身のキャリアを重ねていく際のエクスペリエンスを例に取ってご紹介したい[図表6]。

図表6 従業員視点でのエクスペリエンス（EX）デザイン

色文字：ペインポイント（EXが下がるポイント）

エクスペリエンス低下の例

採用
- 志望・入社の理由はXXX この会社ではXXXなことを成し遂げたいです（本人）
- ふむふむ（人事）

配置
- 希望した配属じゃないなぁ（本人）
- 配属時に自身の希望との関係性の説明がない
- まあ最初3年は修業だと思ってがむしゃらに頑張れ（上司）
- がむしゃらって……何を頑張ればいいの……？（本人）

育成
- 感覚的な育成コミュニケーション
- いつも評価はB 昇格もタイミングは決まってるんだな（本人）

評価
- パフォーマンスにかかわらず横並びの評価・昇格
- よく頑張ってくれているね。まぁ昇格は普通に考えてあと2年後かな（上司）

処遇
- 前例等を理由に希望がかなわない
- まだ3年目だからXXな仕事は早いよ。しばらくはこの仕事で頑張れ（上司）

配置
- 他の会社に行った友だちは仕事が充実しているみたい。他の会社のほうが自分のやりたいことができそう（本人）

退職
- 友人からの情報で他の会社のほうが良く見える（本人）

エクスペリエンス向上の例

採用
- 志望・入社の理由はXXX この会社ではXXXなことを成し遂げたいです（本人）
- ふむふむ（人事）

配置
- 本人希望を踏まえたコミュニケーション
- 希望はXXだと聞いているよ。そのためにはまずXXの力をつけたほうがいいから、この部署ではXXな役割を担ってほしい（上司）
- 希望した配属じゃないなぁ（本人）

育成
- 1on1等による各育成支援のコミュニケーション
- XXの力は身に付いてきた。次はXXが自分でできるようになるようにこの3カ月で取り組もう（上司）
- XXがXXだからXXの課題だな（本人）

評価
- パフォーマンスに応じた評価・処遇
- XXができてXXが課題だから、等級の条件に照らし合わせると、評価はXXです（上司）
- 確かに自分はまだXXができていないな（本人）

処遇
- 本人希望を踏まえた挑戦機会の提供
- 前からやりたいと言ってくれていたXX、まだちょっと早いかもしれないけど、部分的に関与していこうか（上司）
- はい！頑張ります！（本人）

育成…

おそらく、人材は多かれ少なかれ、その企業で何らかのやりたいことを胸に抱いて入社してくる。企業・人事も、採用面接時には志望理由を聞き、また入社後の面談等で配属希望等をヒアリングするのではないだろうか。従業員はこうして自身の希望を聞かれることで、入社後の経験においてその希望が反映されることを"期待"する。しかし、箱を開けてみると配属先は希望した仕事ではなかったり、その配属先における自身への期待が語られなかったりと、希望実現に向けた最初の段階で「思っていたものと違う」というモヤモヤを抱くケースが少なくない。

　企業・人事視点では、新入社員の初期配属は本人希望ばかりを聞いているわけにはいかず、未経験であることが多い人材を、配員要求のある組織・部署に半ば機械的に振り分けていく。これはこれで、企業を運営していく上では必要な考え方であり、否定するものではない。重要なのは、従業員本人がどう感じるか（企業における経験をどう捉えるか）であり、初期配属に当たって従業員本人のキャリア希望とその配属先での期待、それらを踏まえて本人がその職場で何に取り組んでいくべきかを本人が納得できるように示すことだ。

　こうした従業員のデモチベーションが起こるケースは、採用後の初期配属だけでなく、例えば評価や昇格といった従業員本人の働くモチベーションを大きく左右する局面でも、同様に起こり得る。これはコミュニケーションのみで解消できる課題ではなく、人事制度や制度運用も変更していく必要が出てくる。今後、人事プロセスの大半は、この従業員視点でのエクスペリエンス向上をベースに再デザインが必要となってくるのは間違いない[図表7]。

　上記は一例ではあるが、従業員が企業での就労経験において高いエクスペリエンスを得ようとすると、「採用」「配置」「評価」等の人材マネジメントの各領域が個々に施策を考えるのではなく、「従業員視点という一つの軸を通して横断的にどうあるべきか」を考えていく必要のある課題であることが分かる。前述のスーパージョブで考えてみると、「プロダクトマネジャー」が明確な人事としての方針を打ち出し、人事部門全体の目線を変え、「ワークフォース・エクスペリエンス設計」がエンプロイー・エクスペリエンス起点であら

図表7　会社と従業員の関係の変化

■**これまで**

会社が従業員に対し終身雇用を保障することで、
従業員は定年まで会社に尽くし続ける関係

背景・特徴

- ビジネスの環境変化が緩やかで、過去のベストプラクティスを繰り返すことで成果が上げられた
- 決められたことをトップダウンで遂行し、ブレイクダウンされた**目標の達成を社員にコミットさせる**ことで成長してきた
- その結果、統率の取れた組織で、"**決められたことを愚直に遂行する**"社員が大半を占めるようになった

■**これから**

会社はより良いエクスペリエンスの場を提供し、
社員はそこでパフォーマンスを発揮、
結果として会社へ貢献するWin-Winの関係

背景・特徴

- これまでと**価値観が異なる世代（ミレニアル・Z世代）**が台頭、多様な価値観で働く人材への対応が求められるようになった
- 日本でも**人材流動化**が進み、**採用競争力の強化**、および、**現社員の離職防止**は急務で対応すべき事項となっている
- ビジネスの環境変化が激しく、その対応のためには**自律的に考え行動する**ことが組織・従業員に求められるようになった

ゆるプロセスを見直し、「ソリューション設計」が人事のさまざまな制度・施策の変更方針を考える。そして、各機能専門家であるCoEと、プロセスを円滑に回すHRオペレーションズ（HR Ops）へとつないで、日々の人事運営で実行していく。

　なお、今回一例として取り上げた課題は従業員のキャリア形成におけるエクスペリエンスであるが、昨今、クライアントからは従業員の自律的なキャリア形成をどのように進めるべきかという相談が多数寄せられており、各社としても非常に関心が高く、かつ喫緊の課題として捉えられていることが読み取れる。

　前述のとおり、エンプロイー・エクスペリエンスを真の意味で実現しようとすると、人材配置・育成・評価・処遇、といった人材マネジメントの複数領域にわたって、また、人事部や職場の上司、場合によってはコーチ役の先輩など、さまざまな立場の関係者らが整合した形で従業員に対して接しなければならない。こうなってくると、従来の縦割り型・サイロ化された人事部の在り方で評価制度・運用を変更したり、上司向け研修を企画したりとバラバラに動いていては、とてもではないが対応できない。従業員視点で、人事が会社に対し提供している施策を統合的にデザインし、従業員の会社における道のり（ジャーニー）がいずれの視点でも高いエクスペリエンスを得られる姿を目指す必要がある。

　少し本題とは逸れるが、エンプロイー・エクスペリエンスについての留意点についても触れておきたい。ともすると勘違いされがちであるが、エンプロイー・エクスペリエンスというものは人事において何よりも優先されるものではない。営利組織である企業であれば、売り上げ等の目標の達成やその先にある企業のパーパスの実現が果たせなければ、組織としての活動を継続していくことができなくなる。この達成に不可欠な要素の一つが、従業員が高い意欲を持ち、その企業に帰属していることである。

　終身雇用を保障される代わりに滅私奉公を果たしてきたこれまでとは異なり、企業と従業員が対等な立場として、企業は従業員が高いエクスペリエンスを得られる場を提供し、その対価として従業員はパフォーマンスを提供し、

結果として企業の運営に貢献する、という Win-Win の関係が理想となる。

5 スーパージョブの実現に向けたファーストステップ ──人事人材育成

③および④で述べたとおり、人事部の仕事はこの先、より洞察を求められるサービスを指向するようになり、人事部員たちは自らの業務の目的、求める成果等を理解し、自律的に動くことが求められるようになる。また、人事の抱える課題は人事機能横断でデザインを行わなければ解消しないものへと変化していく。

このような変化が起こる中で、現在の人事部の内情は一体どうなっているだろう。当社が支援した事例を基に、変革に当たっての人事部員のスタンスを調査した結果が、［図表8］である。

一般的に、集団を分類する場合は2：6：2の割合で分類して考えることが多く、変革に当たっても「変革支持層：どちらでもない層：抵抗勢力」の人数比が2：6：2になるとイメージしがちである。しかしながら、実際の

図表8　人事部門変革に対する人事部門メンバーの支持レベル

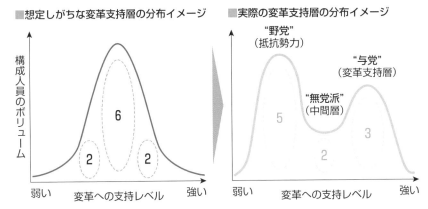

※プロジェクト事例に基づきデロイト トーマツ コンサルティング作成

調査では抵抗勢力が5割にも及ぶという結果となった。これは、本稿前半でも述べたとおり、日本企業における人事部が管理部門・オペレーション部門としての役割を多く担ってきたことに起因しているのではないかと推察される。人事部員は評価や人事異動、給与といった定常業務をミスなく、確実に遂行することに追われ、何か新しいことを始めようとした場合には変革に必要な人的リソース（工数）にばかり目を向けてしまい、「そんなことをしている時間はない」と変革をはねつけてしまう存在となってしまっているのではないだろうか。この約5割に上る抵抗勢力も、おそらく全員が好きこのんで変革に反対しているわけではない。彼ら・彼女らは、自らに課せられたミッション（人事管理業務・オペレーションの正確な遂行）を正しく果たそうとしているだけであり、そうしたミッションを多数の人事部員に課すことになっている人事部の構造的な課題もここには隠れている。

　では、彼ら・彼女らをどうすれば抵抗勢力から変革支持層へと転換していくことができるのだろうか。意識変革も含めて詳細は後段で紹介するが、まずは足元で人事部がどのような人材を創出していく必要があるかという点について説明していきたい。

■ 九つの人事人材タイプ

　[図表9] に示したフレームは、当社が取りまとめた人事人材の定義である。折衝や調整の必要性を縦軸に、担当業務の工夫・創造・思考の必要性を横軸に置き、人材を9タイプに分類している。

1）HR Leadership Team

　　人事の視点で経営決定・事業決定へ寄与する。そのために必要な人事組織の体制や中長期戦略・ビジョンを策定する。

2）Senior CoE

　　CHROや経営層を相手に、全社レベルの人材マネジメント変革を、人事の複数チームを統括してリードする。

3）ソリューションスペシャリスト

　　評価、報酬等の自身の担当領域においてベストプラクティスや最先端の

図表 9　人事人材の可視化フレームワーク

	HR Ops	HRBP	CoE / HRLT
(1)対人牽引型	**HRオペレーション統括** ✓ 経営戦略を踏まえ、業務品質向上・コスト削減等の目標設定と施策立案を行う視座・力量 ✓ 目標達成へ向け、人事システム導入、SSC推進など、Global・グループ横断での大規模な業務改革をリードすることができる	**Senior HRBP** ✓ 組織・人事に関して部門役員と並ぶ視座・担当部門の人事戦略構築とロードマップ策定の議論をリードする力量 ✓ 部門役員に対するベストプラクティスを提案し、ともに伴走しながらそれを実現できる力量	**HR Leadership Team** ✓ 人事組織の代表として人事の視点で経営決定・事業決定に関与できる視座・力量 ✓ 人事組織の体制と中長期的な戦略・ビジョンを策定し、リードできる力量 ✓ 強固な社外ネットワークにより、常に人事の最先端の知見を有す
(2)調整型	**HRオペレーションリード** ✓ 課・グループレベルの業務遂行チームを円滑にマネジメントできる力量 ✓ RPAやAIを含む業務効率化ツールに関する知見 ✓ チーム横断的かつ複雑な業務課題を発見し、周囲を巻き込みながら業務改善を実施できる力量	**HRBP** ✓ 担当事業の戦略・事業環境理解に立ちファクトベースでの組織・人事課題を特定できる力量 ✓ 人材マネジメントやHRテクノロジー等、人事に関する幅広い知見 ✓ 組織・課長クラスに対して組織・人事課題の解決策を提案し、ともに伴走しながらそれを実現できる力量	**Senior CoE** ✓ 人材マネジメント変革に当たり、CHROや経営層との議論をリードできる力量 ✓ 複数チームを統率し、全社レベルのチェンジマネジメントを推進できる力量
(3)個人主体型	**HRオペレーション担当者** ✓ 特定の業務領域において、ルールから逸脱なく安定的に業務遂行できる力量 ✓ 継続的な業務プロセス改善を実現可能 ✓ 従業員との接点において満足度を高めるコミュニケーション能力	**アナリスト** ✓ 担当領域において、自らの仮説に基づくデータ収集・分析と示唆および施策提言ができるスキル ✓ 合意形成へ向けたストーリーメイキングから効果的な資料作成・プレゼンテーションを独力で行う力量	**ソリューションスペシャリスト** ✓ 担当領域において、人材マネジメントのベストプラクティスや最先端のHRテクノロジー動向に精通 ✓ ソリューションの構想から設計・導入まで安定的に実行できる力量
	(C)運用・実務型	(B)分析・思考型	(A)創造型

縦軸：折衝・調整の必要性

横軸：工夫・創造・思考の必要性

動向に精通し、ソリューションの構想から設計・導入までを実行する。

4 ）Senior HRBP

事業部門役員と同じ視座に立ち、担当事業における組織・人事戦略策定および各施策実行を、役員に伴走しながらリードする。

5 ）HRBP

担当事業領域における戦略・事業環境を理解し、組織・人事に関する知見を活かし担当事業における組織・人事課題の解決を実行する。

6 ）アナリスト

自らの担当領域において、データ収集・分析による仮説設定、ソリューションの企画・実行を主導する。

7 ）HRオペレーション統括

企業の戦略を踏まえ、人事業務品質向上・コスト削減のための大規模な業務改革（システム導入、SSC〔＝ Shared Service Center〕推進等）をリードする。

8 ）HRオペレーションリード

担当する課やグループレベルの人事業務をマネジメントし、チーム横断的かつ複雑な業務課題を解決・改善する。

9 ）HRオペレーション担当者

特定の人事業務領域において、定められたルールにのっとり確実に業務を遂行する。

スーパージョブは、これらの人事における役割をさらに発展させる形で定義されるものとなるが、まず基本として、現状の人事課題を解決し業務を高度化させていくに当たって上記九つの人材が必要となると考えている。こうした人材が現状どのように分布しているかを可視化し、目指すべき方向性に従ってバランスよく育成・配置していくことが、今後の人事には求められるようになってくる。しかし、問題になるのはどうやって人事人材をプロフェッショナルとして育てていくか、ということであろう。

② 人事人材の育成方法

　では、前述のような九つのタイプの人事人材をいかに育成していくのか、について紹介していきたい。人材育成は一朝一夕では成らず、中長期的目線で行っていくべきことであるが、育成に当たり必要な取り組みを記述する。

　効果的な人材育成を実現するために取り組む事項として次の五つが挙げられる[図表10]。各組織の現状やカルチャー等の要素によって、取り組みの軽重は変わってくるものの、人事人材を育成するにはこれらのいずれも満たすことが重要である。

（1）計画策定：人材ポートフォリオ策定・充足分析

　前項で挙げた九つの人事人材タイプについて、[図表9]のフレームを用いて目指す人材ポートフォリオを策定する。さらにそれぞれのタイプに見合う人材が現状どのくらい在籍しているかを確認し、目指す姿に対しどこにどの程度のギャップが発生しているのかを可視化する。そうすることで、どの人材タイプの育成に注力すべきなのかが明らかとなる。

（2）計画策定：人材検索・プロファイル整備

　目指す姿に対する人材充足状況を可視化した後は、在籍人員が保有するスキル・能力を把握し、各ポジションに求められる人材要件とのマッチングを行う。これを行うことで、求められる人材要件と現状の人材の保有するスキル・能力とのギャップを明らかにし、どのようなスキル・能力を伸長していく必要があるのかを定めていく。

　ここでポイントとなるのが、計画策定のプロセスに時間をかけすぎないことである。本稿冒頭より述べているが、昨今はビジネス環境の変化が非常に早く、目指す人材タイプ・ポートフォリオ、必要とされるスキル・能力等もどんどん変化していく。そのような環境において、時間をかけて目指す姿の定義を検討しても、出来上がったころには陳腐化してしまいアップデートが必要になってしまう可能性が高い。こうした大上段からの整理は、クイックに実施し、実装しながらアップデートを繰り返していくことが必要となる。

図表10　人事人材の育成アプローチ

■中長期的な人事機能の在り方

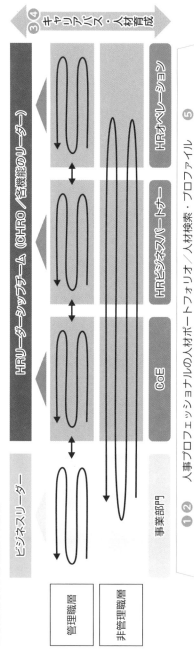

③④ キャリアパス・人材育成

HRリーダーシップチーム（CHRO／各機能のリーダー）

ビジネスリーダー

CoE　　HRビジネスパートナー　　HRオペレーション

事業部門

管理職層

非管理職層

❶❷ 人事プロフェッショナルの人材ポートフォリオ／人材検索・プロファイル ⑤

■人事プロフェッショナル育成へ向けた取り組み

計画策定	❶人材ポートフォリオ策定・充足分析	・人事プロフェッショナルの種別にそれぞれ必要な人員数の設定／現状との乖離分析
	❷人材検索・プロファイル整備	・保有スキル・能力と人材要件のマッチング・適性判定
人材育成	❸人事プロフェッショナルのキャリアパス策定	・求めるスキル・能力・経験およびキャリアパスの整理
	❹スキル強化・マインドチェンジへ向けた研修等の企画・実行	・研修の企画・実行やOJT／メンタリング等の施策の策定
体制整備	❺運営体制・インフラ構築	・人事プロフェッショナルの人材育成およびその見直しを担う組織や体制の設計

（3）人材育成：人事プロフェッショナルのキャリアパス策定

　目指す姿として、人材要件と併せて設定しておくべきものがキャリアパスである。人事において経験を重ねていくに当たっては、非管理職層、管理職層、リーダー層の３層に分けて考える。

①非管理職層：さまざまな業務を経験し、適性を見極める

　人事人材に限ったことではないが、経験が浅い人材は幅広く業務を経験し、自身の適性を見極めていく。人事の場合は、HRBP、CoE、HR Ops業務を幅広く経験し、どの領域をその人材が専門とする領域かを見極めていくことになる。

②管理職層：組織に貢献し成果を創出する

　管理職に昇格後は、HRBP、CoE、HR Opsのいずれかの特定領域で成果を創出することが求められるようになる。ただし、将来的にCHROを担う可能性のあるハイポテンシャル人材は、複数の領域で役職に就き、さらにそれぞれの領域で成果を出すことで、人事全体を幅広く把握することが求められることもある。

③リーダー層：CHROとして、また各領域をリードして経営へ貢献する

　リーダー層になると、HRBP、CoE、HR Opsのいずれかの領域においてチームマネジメントを担うことや、CHROとして経営へ貢献することが期待されることになる。

　人事人材のキャリアパスを定める際に留意しておくポイントとしては、人事部員のすべてが終始人事としてのキャリアを積む人材ではない、ということが挙げられる。

　例えば、人事に所属する従業員の多くは人事を「原籍」としてキャリアを積むことになる。一方で、人事を「原籍」としない社員、例えば将来経営を担うようなハイポテンシャル人材等は、もともとは人事以外の組織で業務経験を積み、その上で会社の経営の一端を経験するために一時的に人事の業務に就くことになる。彼らは人事でキャリアを積み続けずに再び「原籍」の組織へと戻っていく。

　このように、人事を「原籍」とする従業員と人事以外を「原籍」とする従

業員が存在する中で、人事プロフェッショナルのキャリアパスを定めていく必要がある。

（4）人材育成：スキル強化・マインドチェンジへ向けた研修等の企画・実行

　人事人材の育成に当たっては、Off-JT・OJTそれぞれを整備し、活用していくことが必要となる。しかし、全社のために人材育成体系を構築している人事が、自らの育成施策は検討できていないというケースも往々にして存在している。

　Off-JT検討に当たってのポイントは、（1）（2）の計画策定プロセスを通じて、充足が必要と明らかになった人材タイプやスキル・能力を踏まえて企画・設計を進めることである。その際、一度設計した研修をずっと実行し続ける必要はない。繰り返し述べることになるが、人事の世界においても、トレンドは年々変化しており、その時々の外部環境の変化や人事内のニーズの変化に合わせて、習得を目指す能力やスキルを変化させていくことが必要となる。

　なお、学習内容をすべて内製し、都度更新していくには多くのコストを要するため、Off-JTの検討に当たっては外部の研修等を活用することも非常に有効である。自社でなければ教えることができない内容と、世間一般の汎用的な学習内容を整理し、効率的にOff-JTを企画していくことが求められる。

　Off-JTと併せて整備すべきOJTの検討ポイントは、①職務に就けること（アサインメント）と、②課題解決に向けて導き、成長を実感させること（フィードバック）の2点である。

　アサインメントにおいては、職務において求められる人材要件と、各人事人材が保有するスキル・能力、これまで積んできた経験、本人の志向等を加味し、マッチングを検討することになる。人事として、各人事人材にどのような経験を通じどのようなスキル・能力を身に付けてほしいのかを、育成計画として定めておき、それをベースにアサインメントが実施できるとよい。

　そして、見落とされがちであるが、OJTにおいて非常に重要な点がフィードバックである。アサインメントにより、職務を通じて得られる経験に意味

を持たせ、そこで発揮された行動に再現性を持たせ育成対象者本人の保有能力を磨いていくためには、実際に職務を通じた経験の都度、周囲からフィードバックを行い本人の自覚を促すことが重要となる。

そのための有効な施策が「1 on 1」「チェックイン」と呼ばれる上司・部下のコミュニケーションである。COVID-19の影響でリモートワークの普及が進み、コミュニケーションに悩みを抱える企業が増える中、これらのコミュニケーション施策を取り入れる企業が増えている。1 on 1やチェックインの場をどのように活用するかはその目的次第とはなるが、人材育成へとつなげるには以下のような進め方が推奨される。

1）部下本人による成長ポイント、改善ポイントの振り返り

2）上司による成長ポイントの補足、改善ポイントへのアドバイス

3）今後の改善に向けたアクションプランの認識合わせ

上記におけるポイントは、1 on 1やチェックインは上司主体で行う一方通行のコミュニケーションとするのではなく、部下主体で行われるべき、という点である。あくまで、成長した点や改善したい点を挙げる起点は部下であり、そうした部下の気づきに対し、具体的なシーンを挙げてそれがどのように良かったのか・改善すべきなのかを言語化すること、体系的な整理をサポートすることが上司の役割となる。その際、部下が起こした行動をベースにコミュニケーションを取ることで、実際の経験が再現可能な思考や行動として、部下自身に蓄積されていくことになる。

余談にはなるが、こうしたコミュニケーション施策の社内導入を検討中の人事部においては、ぜひ自分たちがまずトライアルとしてクイックに施策を実行し、その効果や改善点を実感することで、企業全体へ普及させていくための旗振り役となることを期待する。

（5）体制整備：運営体制・インフラ構築

意外と見落とされがちなポイントが、体制構築である。「『人事の人事』の不在」などとわれわれは呼んでいるが、人事プロフェッショナルの人材育成や配置・異動をつかさどる機能が定められていないケースも、往々にして存

在している。いくら（1）から（4）の取り組みによって目指す姿を定め必要な施策を整備したところで、ベースとなる運営体制が整っていなければ企画はあくまで企画の状態で終わってしまう。育成の進捗状況をモニタリングするプロセスや、人事における重要ポジションのサクセッションの仕組み・会議体の整備が人事内で必要である。

3 人事人材のマインドチェンジ

　ここまでは、人事人材の役割やスキルセットを中心に紹介してきた。一方で、役割やスキルセットだけでは真の変革に到達することは難しく、意識・行動の変革が重要となってくる。前述のとおり、当社の調査結果では、人事部内において約5割の人事部員が変革に対する抵抗勢力になっている、という結果も見えてきている。

　こうなると、いわゆる「チェンジマネジメント」の手法を活用することになる。変革の対象となる人事部員、と一口で言っても、そのそれぞれの人材が考えていることはさまざまだ。元来その人材の持つ特性と、これまでの職歴で得た経験、さらに現在担当している仕事や関連するステークホルダー等の要素が絡み合い、その人材のスタンスをつくり出している。すべての人材についての現状を把握し、対策を打つにはコストと時間が必要となるため、対象となる人材を幾つかのタイプに分類し、その分類ごとに打ち手を検討していくことになる。その際に、例えば変革意識の高い層であれば、経営層や上司の言動等による意識づけが有効であり、抵抗意識の強い層であれば組織体制・権限・ミッションの変更等、公式のルールを変更することで半ば強制的に意識・行動変革を促していくことが有効となる[図表11]。このように、策定した変革の構想を絵に描いた餅で終わらせないためには、人事部の中においても意識・行動変革のアプローチを実行することが必要となる。

4 HRBP育成研修

　前述のように、人事人材としてのスキル・能力の開発、そしてマインドセットも含めた変革が必要となる人事部員であるが、現在の人事部においては特

図表11 各意識ステージと意識・行動変革に影響を与える要素

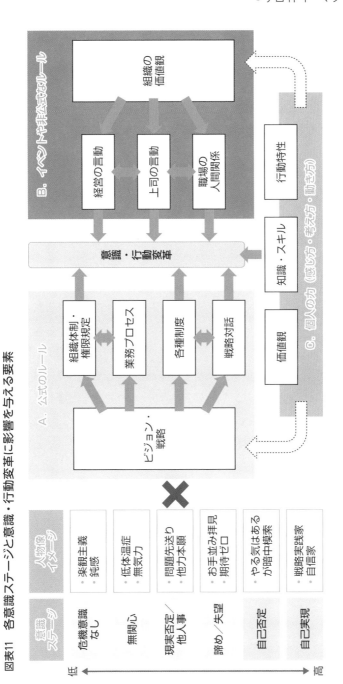

"意識ステージ" と "改革要素" を絡ませ、どのステージの社員をどのように変えたいかを見極めることが、"変革の担い手" を増殖させる最善の方策

にHRBP人材の育成が課題として挙げられることが多い。

　当社が開催するHRBP育成の研修コンテンツでは、ビジネスの課題解決に寄与するために人事が発揮すべき価値として、「戦略的で革新的な思考」「ビジネスへの洞察力の獲得」「ビジネス目標・課題の理解」や、企業における人材のパフォーマンス向上のための「組織・チーム設計」「ピープルアナリティクス」「各種人事施策のプロトタイプ設計」、変革をリードする存在としての「マネジャーと従業員の関係強化」「デジタルHR」「ソリューション実装」「合併・買収による成長」といった要素を、ワークショップを通じて学習する。

　HRBPがこれまでの人事部と比較して大きく異なる点は、その目的が「人事サービスの提供」ではなく、「ビジネス価値の提供」にあることだ。そのため、HRBPがよりフォーカスする領域は、従来のような人事“管理”業務ではなく、「ビジネスの成長」であり、そのための「コンサルティング」であり、「リーダーシップの育成」である。HRBPが相手にするHRカスタマーはビジネスリーダーであり、ビジネスにおけるマネジャーたちとなる。

　そして、これまでのように、人事業務の知識や管理遂行のための能力でなく、担当ビジネスにおける従業員戦略を検討する先見の明のあるリーダーシップや、ビジネス理解、担当ビジネスの人材の志向を把握しモチベーションをドライブしていく能力が求められるようになっていく。

　こうした、人事領域の中でも喫緊で大きな変化が求められているHRBPにおいては、適切な育成施策を実施することで変革を促すことが必要といえる。

5 人事人材の育成に向けて

　これまで述べてきたように、人事部は評価、育成、報酬などの領域が独立して施策を実施することで問題なくその業務を遂行できていた。しかし、ビジネス環境が目まぐるしく変化し、それに沿って人事のトレンドも大きく変わっていく中で、人事の課題はこれまでのような縦割り体制で解決できるものではなくなってきており、機能横断で対応していく必要性が高まっている。

　このような変化に対応するために、今後はスーパージョブのようなより機

動的な役割が求められる一方で、多くの人事部員はいまだオペレーショナルな業務に従事しており、また意識面でも変革が求められる形となっている。

　今後の人事部門では、オペレーショナルな業務を削減し、人事部員がよりクリエイティブで企業に対して価値提供ができるような体制・ミッション設定等がより求められるようになっていくだろう。

6　おわりに

　今後10年間、人事部門には未来を受け入れ、企業を代表して仕事・人材・組織における主導的な役割を担っていくことが期待されている。人事部門が、この拡大化した役割を実現できれば、古いルールが通用せず、新しいルールが急速に浸透する世の中において、企業における重要な役割を果たすことができるだろう。

　現在のような激変する環境において、人的資産を最大限に活用しようとする未来志向の組織にとって、人事部門は強みの源泉となっていくと当社は考えている。

福村直哉 ふくむら なおや

デロイト トーマツ コンサルティング合同会社
ヒューマンキャピタル／HRトランスフォーメーション
副事業責任者 執行役員／パートナー

HR Strategy領域（人事の高度化／効率化）のリーダー。大手企業を中心に、経営・事業・従業員に貢献する人事機能の再構築、人事組織再編（SSC／BPOを含む）、テクノロジーを活用した人事業務改善、人事コスト構造変革支援を主導している。著書に『最強組織をつくる人事変革の教科書』（共著、日本能率協会マネジメントセンター）、『働き方改革 ７つのデザイン』（共著、日本経済新聞出版）。

島村麻衣 しまむら まい

デロイト トーマツ コンサルティング合同会社
ヒューマンキャピタル／HRトランスフォーメーション
マネジャー

大手メーカー、総合系コンサルティングファームを経て現職。システム・データを活用したタレントマネジメントの高度化支援や、デジタルツールを活用し従業員エクスペリエンス向上に寄与する働き方改革支援プロジェクトの経験を有する。

山本涼香 やまもと すずか

デロイト トーマツ コンサルティング合同会社
ヒューマンキャピタル／HRトランスフォーメーション
コンサルタント

グローバル人財マネジメント高度化、人事システム導入、人事システム刷新に伴うチェンジマネジメント、ユーザー教育支援プロジェクト等の経験を有する。

椎葉直樹 しいば なおき

デロイト トーマツ コンサルティング合同会社
ヒューマンキャピタル／HRトランスフォーメーション
コンサルタント

人事業務のBPR・SSC設計、人事制度設計および人事制度統合に伴う業務設計・システム方針策定、システム構築支援プロジェクト等の経験を有する。

会社概要

本社 東京都千代田区丸の内３−２−３　丸の内二重橋ビルディング

従業員数 約１万4500人（2020年５月末）

事業概要 デロイト トーマツ グループは、日本で最大級のビジネスプロフェッショナルグループの一つであり、各法人がそれぞれの適用法令に従い、監査・保証業務、リスクアドバイザリー、コンサルティング、ファイナンシャルアドバイザリー、税務、法務等を提供している。また、国内約30都市以上に１万人を超える専門家を擁し、多国籍企業や主要な日本企業をクライアントとしている。

https://www2.deloitte.com/jp/ja.html

株式会社野村総合研究所

「環境変化に強い組織・人材づくり」に向けた人事部門の役割

人事戦略、人事部門の役割・機能とケイパビリティ

内藤琢磨
経営DXコンサルティング部
人財戦略・チェンジマネジメントグループ
グループマネージャー／上席コンサルタント

1 変化に対応できる企業、できない企業

◼️ 予測できるのは「変化が当たり前の未来」

　2020年4月、新型コロナウイルス感染症対策として緊急事態宣言が発出されると、多くの大企業では可能な限り従業員をテレワークとする勤務体系に移行した。そして、ZOOMやSkype、Teamsといったアプリ・ツールを活用した働き方の変革が一気に加速するだけでなく、デジタルを活用し、対面接触を極小化する新たなビジネスモデルも次々と生まれた。

　このような変化を私たちは予測できただろうか。確かに一部の科学者や欧米の医療研究機関では、深刻な感染疾病の発症と拡大可能性を以前から指摘していたが、それを現実のものと受け止めて経営戦略や中長期の計画を立案していた企業は稀であろう。

　テクノロジーの進展を織り込んだとしても、私たちを取り巻く経済や社会環境のうち、次の5年、10年でどのような変化が訪れるかを明確に予想することは難しい。

　確実に言えることは、私たちは今もこれからも「予測不能な変化が当たり前の時代」にいるということである。

◼️ 変化に強い"しなやか企業"とダメージを受けやすい"硬直企業"の特徴

　予測できない環境変化に直面した際に深刻なダメージを受け、立ち直るのが難しい企業がある一方で、こうした変化に対する影響を最小限にとどめ、うまく対応できる企業もある。

　筆者は、両者の違いは環境変化への対応の巧拙だけの問題ではなく、もともと当該企業が有している財務基盤、ビジネスモデル、オペレーション、何よりも組織・人材特性に起因するところが大きいと考えている[図表1]。

　そして環境変化にダメージを受けやすい企業の組織・人材面での共通点は「硬直的な人事管理・人材活用」である。

図表1　"しなやか企業"と"硬直企業"

環境変化にダメージを受けやすく、今後立ち直りが難しいのは「硬直企業」

	しなやか企業	硬直企業
財務基盤	・一時的な需要減少等に耐え得る**強固な財務基盤**	・慢性的に業績が低迷し、**脆弱な財務基盤**
事業ポートフォリオ	・**事業ポートフォリオや調達・販売チャネル等が多岐にわたる** ・**新規事業・研究開発への先行投資**が盛ん	・事業ポートフォリオの見直しが行われない ・**新規事業開発への対応力が低い**
オペレーション	・業務プロセスのIT化やBCP対応により、**緊急時やリモート環境下でも問題なく業務を継続**	・緊急時やリモート環境下において、**業務の継続に支障が生じる**
組織・人材	・**役割や職務（ジョブ）に応じた賃金体系** ・**是々非々の評価とフィードバック** ・**能力・意欲に応じたチャレンジや抜てき人事** ・**多様な個性・価値観が集う組織**	・年功序列的な任用・賃金体系 ・固定的で偏りのある評価運用 ・**チャレンジや抜てき人事ができない** ・**均一的な人材が集まった組織**

３ 「硬直的な人事管理・人材活用」とは

　典型的な硬直的人事管理・人材活用の例としてはポジション登用が挙げられる。

　環境変化に伴い、新たな事業戦略を実現するために新しい組織やポジションがつくられても、そこに登用されるヒトが年功や、社内的な格・経験重視で決まり、「何か新しいことが始まりそう」「ワクワクするような人事」という期待感を全く抱かせないという人事管理・人材活用である。

　特にデジタルトランスフォーメーション（DX）を実現する上で、デジタルを活用した新たなビジネスモデルの構想や抜本的な業務プロセスの変革といった大きな変革を推進するためのキーとなる組織やポジションには、従来のし

がらみにとらわれることのないフレッシュな人材を登用しなければならない。

　あるいは人事評価の運用においても、「業績や成果に基づく評価」というより固定的な「人物評価」であり、以前から評価の高い人材は半年や１年、全く結果が出なくても相変わらず高い評価である一方、以前から評価の低い人材はチャレンジして結果を残しても高評価にはならない、といった状況である。

　こうした企業・組織では得てして、人事評価の分布が偏っているケースが多いことも特徴である。業績評価であれ能力や行動といったプロセス評価であれ、適正な目標設定と評価能力という条件下では、評価分布は統計学上正規分布に近い分布を示すはずであるが、硬直的な人事管理を行っている企業では高評価に分布が偏っている。

　これは、適正に評価をされた人材群は正規分布に近い分布になるが、何をやっても高い評価が変わらない「覚えのよい人材群」がその分布に上乗せされた結果、歪（いびつ）な評価分布となってしまうためである。筆者の経験上、「硬直的な人事管理・人材活用」を行っている企業における管理職・幹部社員の評価分布においてこの傾向が強く出ているケースが多い。

　またこうした企業では、「似たような行動やマインドセットを有した均一型人材の集まり」であることが多いことも特徴である。組織全体が穏やかで波風が立たない代わりに、組織としてのエネルギーや活力をもたらすための健全な軋轢（あつれき）が存在しないことも特徴である。

　ちなみに野村総合研究所（以下、NRI）が、コロナ環境下での人材マネジメントの方向性を探るために2020年７月に実施した「組織・人材マネジメント調査」によれば、人事管理・人材活用が柔軟な（しなやかな）企業と硬直的な企業では、2020年度の業績見通しにおいて大きな差異が生じるという結果となった[図表2]。本調査においては前者を「しなやか企業」、後者を「硬直企業」と呼称している。

　具体的には、人事部長または人事企画担当者（206社）が回答した"人事管理・人材活用の柔軟性を尋ねる合計８問の設問"に対して、上位スコア企業（＝しなやか企業）では、直近の業績において「以前とかわらない〜大幅に好転した」企業が回答企業の40.0％であるのに対して、下位スコア企業（＝硬

図表2　人事管理・人材活用の柔軟性と企業業績の関係

柔軟な人事管理・人材活用を行う"しなやか企業"と、
硬直的な人事管理・人材活用を行う"硬直企業"では
直近の業績や業績見通しに大きな差異が生じている

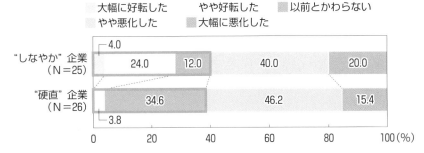

業績（新型コロナウイルス感染拡大直後の業績は）

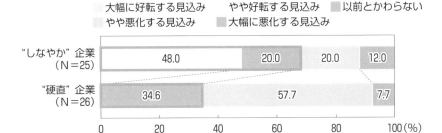

業績見通し（2020年度の業績は）

資料出所：野村総合研究所「組織・人材マネジメント調査」（委託先：マクロミル）
［注］　「人事管理・人材活用の柔軟性」に関する質問で、平均評価点4以上の企業を「しなやか企
業」、平均評価点2以下の企業を「硬直企業」とした。

直企業）は38.4％という結果となった。

　一方、2020年度の業績見通しにおいては、しなやか企業の実に68.0％の企業が「以前とかわらない〜やや好転する見込み」と回答したのに対して、硬直企業は34.6％という結果となった。人事管理・人材活用の柔軟性（しなやかさ）と企業業績には明らかな相関関係が認められたのである。

4　なぜ「硬直的な人事管理・人材活用」に陥ってしまったのか

　コロナ禍に限らず、日本の企業を取り巻く経済・社会環境は特にグローバ

ル化、少子高齢化、そしてデジタル化というメガトレンドによって大きな変化を遂げていることは言うまでもない。

いわゆる「日本型人材マネジメントモデル」は、日本人従業員を中心とする高品質・均一な社内人材基盤、長期勤続による暗黙知の浸透、人口増加による安定的な若年層の人材供給、「擦り合わせ」を通じた現場での高い状況対応・改善力を前提に成り立ってきた。

その「前提」が前述した「グローバル化」「少子高齢化」「デジタル化」といったメガトレンドによって、既に機能不全に陥ってしまっていたのである[図表3]。

その一方で、上記メガトレンドを前向きに受け入れ、環境変化に強い企業

図表3　産業構造変化における日本型人材マネジメントモデルの限界

日本型人材マネジメントモデルは日本企業の成長に寄与してきたが、グローバル化・デジタル化・少子高齢化等の産業構造変化により、維持が困難になりつつある

		純日本型人材マネジメントモデルの前提	近年の産業構造変化が与えている影響
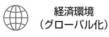	経済環境（グローバル化）	・戦後の高度経済成長を背景に、高い国内需要が継続	・バブル崩壊以後、不況・デフレ経済が継続し、**国内市場が縮小** ・グローバル化に伴う**海外市場進出の重要性**が増加
	ビジネスモデル（デジタル化）	・高品質な "**日本製**" の商品・サービスの競争優位性による事業成長 ・従業員の**賃金上昇・成長機会の担保**	・デジタル化による**競争優位性の減退** ・事業停滞による**賃金水準の硬直化、成長機会の減少**
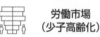	労働市場（少子高齢化）	・新卒一括採用による**人材の安定的な確保** ・終身雇用を前提に、各社の社風にマッチした**働き手が定着**	・少子高齢化により、**若年層の人材が不足** ・シニア人材や女性・外国人など**多様な人材の活用**が求められる

資料出所：経済産業省研究会資料（2019年）を参考にNRI作成

体質を造り上げている企業（＝しなやか企業）も多く存在する。そうした企業に共通していえることは、予測できない環境変化が生じても指示待ちではなく、「現場で自ら考えて行動」でき、新たに生ずる業務や機能に対して「柔軟に組織や人材を組み換え」、その対応において「縦・横・斜めの組織間連携がスムーズ」かつ有機的に行われるというものである。

　10年後の未来は誰にも予測できないが、予測不能な未来に向けて人事部門が行うべきは、あらゆる環境変化に「しなやかに対応できる」組織・人材づくりである。

2 変化の時代における組織・人材戦略

1 変化に強い「しなやかな組織・人材」づくりに向けた人材戦略

　「しなやかな組織・人材」とは、強風・風雨を受けてもびくともしない堅牢^{けんろう}な大木、巨木というよりも、どのような強風・風雨もいったんはそれを受け止めつつも、柔らかに打ち返すことのできる柳の木のような姿形である。

　NRIでは、そうした「しなやかな組織・人材」づくりを進めていくための組織・人材戦略の視点を自動車産業の経営戦略のキーワードでもあるCASE（Connected〔適所適材〕、Autonomous〔組織とヒトの自走化〕、Shared〔人材の共有化〕、Electric〔人事業務のデジタル化〕）で整理している[図表4]。

2 Connected（適所適材）

　環境変化や事業戦略の変更に伴って仕事（ジョブ）と人材を機動的にマッチングし、組織が成し遂げようとしている新たなビジョンやゴールに向けて「最強の布陣」を整えるための制度を整備し運用することである。

　例えば、トヨタ自動車は2019年に人事制度を大きく刷新し、適所適材を実行するために、役員や上級管理職の役職階層をフラット化し、柔軟な人材配置を実現可能にする素地の構築を図ることで、事業活動において求められる過去にないスピード感を実現しようとしている。

図表4　変化に強い「しなやかな」組織に向けた人材戦略

**変化に強い組織・人材への転換には
【CASE】を切り口とした人材戦略が不可欠**

 適所適材
Connected

・ジョブとヒトを機動的にマッチング
・社内にない社外の知見・リソースとの
　協働推進

 組織とヒトの
自走化
Autonomous

・自走・自律型の（ティール型）組織
・ヒトの自律を促す仕組み・人材投資

人材の共有化
Shared

・会社組織の枠を超えた人材シェア（含む兼業）
・繁閑に応じた人材リソースの柔軟な需給調整

 人事業務の
デジタル化
Electric

・リモートを含めた働き方のデジタル化
・HRテック活用による採用・育成の効率化

　2020年3月には、6名いる副社長職を廃止、執行役員へ一本化する組織改正を発表し、トップも含めて組織をフラットにすることで改革のスピードをさらに加速化するとともに、過去の経験や実績にとらわれることなく有望な次世代リーダーを見極め、素早く適任人材を登用できる仕組みを強化している[図表5]。

　また、適所適材を加速するために報酬決定のベースを年功的な職能資格制度から、職務・役割といった「ジョブ」ベースに転換することも「Connected」に求められる人材戦略の一例である。

　「ジョブ」ベース人事制度の代表的な例として、日立製作所では業務のグローバル標準化と変化に対応する経営基盤構築のため、既に2014年度から管理職の報酬を役割グレード制（＝ジョブ型）としている。昨今このような「ジョブ型」報酬制度への転換が有力企業において加速していることも、激しい環境変化の時代を迎えて人材を機動的に登用し、最強の布陣を素早く構築できる人事制度基盤を整備していく意識の表れである。

　また、適所適材の対象は社内やグループ内人材に限定されなくなってくることも、「しなやかな組織・人材」づくりにおいては見逃してはならないポイ

図表5　Connected戦略：仕事（ジョブ）と人とのマッチング

トヨタ自動車の幹部職制度（2019年1月改定）
役員を含む幹部社員の階層を一本化し、抜てきや柔軟な登用を目指す

従来制度			新制度	
資格	職位		資格	職位
常務役員・常務理事	本部長・副本部長・領域長・工場長		幹部職	本部長・副本部長 フェロー・領域長※ 工場長・副工場長 CE・CPE※ 主査・技範 部長・次長・ 室長・GM　等
理事	副工場長 CE・CPE・主査 部長・次長 室長・GM			
基幹職1級				
基幹職2級				
技範級	技範			
基幹職3級	室長・課長・GM・主幹		基幹職3級	部室長・課長・GM・主幹

※領域長は、各カンパニー内に設定された「領域」を統括する役職として設けられたが、2020年1月の組織改正で新たに「統括部長」へ見直された
※CEは車両製造部門におけるチーフエンジニア、CPEは同部門におけるチーフプロフェッショナルエンジニアの略

資料出所：労務行政研究所『労政時報』第3989号（20.3.13）「トヨタ自動車の人事制度改革【幹部職・基幹職編】」より作成

ントである。

　具体的には、社内に存在しない高度な知見やノウハウ活用の手法として、会社の中枢部門にも外部のフリーランスを活用するといったケースや兼業・副業を認めるといった動きが出てきており、働き方のデジタル化に伴ってこうした動きは加速すると想定される。

　例えば、SOMPOホールディングスではDXを担うデジタル戦略部にフリーランスを軸とした部隊が存在する（2021年3月16日付日本経済新聞より）。有名大学で修士号を取得したエンジニアもおり、正社員と同水準の報酬を得る人も存在する。DXのスピードは速く、社内人材をゼロから育成する余裕はないことと、社外の人材が新しい風を吹かせることで生まれる化学反応にも期待がある。

　近年はエンジニアやデザイナーに限らず、優秀な人材ほど自由で柔軟な働

き方を選択する傾向が強い。日本企業ではフリーランス人材の活用はまだ限定的だが、DXの進展で技術やスキルの陳腐化のスピードも加速する中、正社員だけでは必要なポジションやポストへの人材調達はままならない。

3 Autonomous（組織とヒトの自走化）

さまざまな想定外の事象が生じた際に、上からの指示待ちではなく「現場に所属するヒトがその持ち場で何を為すべきかを自ら考え、行動できる組織と人材づくり」を進めなければならない。

決して、いわゆる「ティール組織」のように、意思決定に関する権限や責任のほぼすべてを経営者や管理者から個々の従業員に譲渡するという、極端な組織形態や意思決定スタイルを志向するのではない。

一方で、コミットする業務や目標が固定的で、トップダウンでしか示されない組織では、激しい環境変化に素早く対応することは不可能である。変化が当たり前の時代・未来においては、自ら考え行動し振り返ることのできる「セルフマネジメント型」の組織・人材づくりが不可欠である［図表6］。

また、自ら考え行動する際に、会社や組織が目指していく「真の目的（Purpose）」を理解し、「従業員一人ひとりが大切にしていきたいこと（個人のPurpose）」との紐づけを行うことで、やらされて仕事をするのでなく、内発的な動機づけに基づいて個人が自走・自律できるようにしていくことも重要である。

こうした自走・自律型の組織・人材づくりを進めるためには、「1 on 1マネジメント」と呼ばれるマネージャーとメンバーによるコミュニケーション変革や、「会社全体のPurposeと組織・個人のPurposeを紐づけるための組織開発的なアプローチ」、そしてOKR（Objectives and Key Results）といった施策が不可欠な取り組みテーマとなる［図表7］。

4 Shared（人材の共有化）

新型コロナウイルスの感染拡大に伴う雇用不安を受け、ネット小売など人手不足に悩む企業が、休業を強いられる他業種の人材を期間限定で受け入れ

図表6　Autonomous戦略①：自走・自律型の（ティール型）組織

フラットでメンバーの自律と共創により組織が運営される 「ティール型」が自走組織の究極の姿

組織形態の推移

組織形態	メタファー	概　　要	ポイント
レッド組織（衝動型）	マフィア	トップが権力を振りかざし、メンバーを支配して動かすトップダウン型の組織。	・仕事の分業 ・トップダウンの権力構造
アンバー組織（順応型）	軍隊、カトリック教会	階層・ルールが極めて厳格なピラミッド組織。役割が明確で定型業務の繰り返しが得意。	・再現可能なプロセスの構築 ・役割が明確な組織構造
オレンジ組織（達成型）	機械のような組織（上場会社等）	利益と成長のために実力主義を取る組織。メンバーを機能的に捉え、アメとムチにより統制する。	・イノベーション（新たな取り組み） ・役割に応じた説明責任 ・実力主義
グリーン組織（多元型）	家族のような組織（価値観重視の非上場企業等）	価値観や文化を大切にする家族的な組織。階層構造ではあるが双方向なマネジメントを実施。	・権限の移譲 ・価値観重視の文化 ・多様なステークホルダーの尊重
ティール組織（進化型）	生命のような組織	常に状況に応じて変化し自律的な組織。フラットな組織でメンバーの自律と共創が鍵となる。	・変容する目的 ・セルフマネジメント ・個人の個性の尊重

資料出所：フレデリック・ラルー著『ティール組織』（英治出版）よりNRI作成

る「人材シェア」が世界的な広がりを見せてきている。

　米国ホテル大手のヒルトングループでは、2020年3月下旬に短期勤務者を受け入れる「他社」を載せた従業員向けの特別ホームページを開設した。同サイトにはアマゾンや物流大手のフェデックスなど人材あっせんでヒルトンと提携した約80社、計100万件以上の求人情報が掲載されている。従業員はヒルトンとの雇用関係を維持したまま、他社で働き収入減を補い、コロナ禍が収束すれば再びヒルトンに戻ることができる。

　解雇で雇用を流動化し、事業の新陳代謝を進めるのが本来の米国流だが、

**会社全体をティール組織にすることは非現実的であるが、
特定の領域において自律的な要素を取り入れるアプローチは増加しつつある**

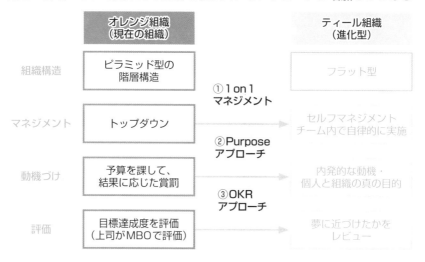

コロナ禍のような未曽有の経済危機においては、企業組織の枠を超えて人材を融通し合う「人材シェア」も、不透明で変化の激しい環境を乗り越えるという意味で不可欠な人材戦略といえる［図表8］。

　日本でもイオン系スーパーのまいばすけっとや食品デリバリーの出前館が外食産業の人材を受け入れ始めているし、資金力の乏しい新興のスタートアップ企業が経営環境悪化に伴って一時的に出向形式で人材をシェアする動きも出てきている。また昨今、兼業・副業解禁の動きが広がる中、他社で雇用される人材に自社のミッションへ加わってもらい戦力とするケースも急速に広まりつつある。こうした動きも「人材の共有化（Shared）」の人材戦略の一形態といえる。

　現在は出向の形でしか従業員を他社に出せないよう就業規則で規定している企業が多いが、今後こうした有事の人材調達戦略の整備が必要となってくる状況においては、組織を超えた従業員シェアへの対応、人材ポートフォリオの柔軟な組み換えに向けて必要な基盤整備が求められてくる。

図表8　Shared戦略：会社組織の枠を超えた人材シェア

コロナを機に需要が急速に冷えた飲食・ホテル・旅行から
他業種への従業員シェアが活発になってきている

人材シェアの主な事例

国	企業名	業種	受入・送出	専門性	取り組み概要
米国	ヒルトングループ	ホテル	送出	低	アマゾンなど異業種の求人を自社従業員に紹介
	クローガー	小売	受入	低	雇用確保で連携したホテルや外食企業などから数万人を受け入れ
中国	アリババ	EC	受入	低	傘下の食品スーパーを通じて休業状態の外食店店員などを一時的に受け入れ
ドイツ	アウディ	小売	受入	低	米マクドナルドの従業員を一時的に受け入れ
日本	ライドオンエクスプレス	食品宅配	受入	低	休業中の飲食店のスタッフを一時的に受け入れ
	出前館		受入		
	まいばすけっと	スーパー	受入	低	居酒屋運営のエー・ピーカンパニーの正社員らをアルバイトとして受け入れ
	エー・ピーカンパニー	飲食	送出	低	スーパー・大手物流会社・宅配ピザチェーンなど13社へ社員850名の約半数を送り出し
	ワタミ	飲食	送出	低	人材派遣会社「ワタミエージェント」を立ち上げ、スーパー等の小売や介護事業などにパートやアルバイトも含む従業員を派遣
	アソビュー	ITサービス	送出	高	エンジニア・営業・カスタマーサポートなど職種別に、主にスタートアップに対して在籍出向を実施

資料出所：日本経済新聞、毎日新聞、東京新聞、企業のプレスリリースよりNRI作成

5 Electric（人事業務のデジタル化）

　多くの日本企業においても、経営者がデジタル化の必要性を認識し、AI、IoT、ビッグデータといったデジタルテクノロジーを駆使したビジネスの変革、いわゆるDXを進めようとしている。

　独立行政法人情報処理推進機構が2020年5月に公開した「デジタル・トランスフォーメーション（DX）推進に向けた企業とIT人材の実態調査」によ

れば、各企業がデジタル化によって成し遂げたい具体的な取り組みテーマの中で、最も「成果あり」との回答があった領域は、デジタル化を通じた「業務の効率化による生産性の向上」であった[図表9]。

人事部門においては、デジタル化によって「生産性向上につながる」人事業務プロセスの革新が求められている。従業員の採用から退社までのあらゆる人事管理プロセスにおいて「HRテック」と呼ばれるITテクノロジーやデータを活用したオペレーション効率化の余地は大きく、特に採用や人材教育といった領域では、日本国内においてもHRテックの利活用が進んでいる状況である[図表10]。

一方で、個人のスキルや特性・志向性を収集・分析し、最適なジョブアサインやチーム編成につなげることで組織パフォーマンスを最大化する「ピープルアナリティクス」と呼ばれる領域は、その有効性においては未発達とい

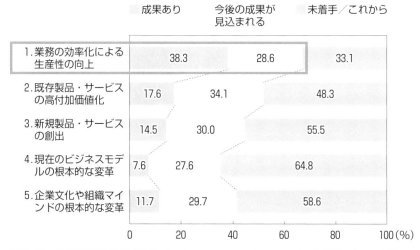

図表9　デジタル化の現状認識

日本国内においてデジタル化の成果は業務効率化で徐々に出始めている

	成果あり	今後の成果が見込まれる	未着手／これから
1. 業務の効率化による生産性の向上	38.3	28.6	33.1
2. 既存製品・サービスの高付加価値化	17.6	34.1	48.3
3. 新規製品・サービスの創出	14.5	30.0	55.5
4. 現在のビジネスモデルの根本的な変革	7.6	27.6	64.8
5. 企業文化や組織マインドの根本的な変革	11.7	29.7	58.6

資料出所：情報処理推進機構「デジタル・トランスフォーメーション（DX）推進に向けた企業とIT人材の実態調査」（2020年5月）
[注]　回答企業のうち、DX取り組み比率が相対的に高い従業員規模1001人以上の企業（290社）を抽出・集計したもの。

図表10　Electric戦略：HRテック活用による採用・育成の効率化

「採用〜退職」までのプロセスにおいて、
HRテックを活用した効率化の余地は大きい

人材要件の 明確化・採用	社員 受け入れ	アサイン・ 組織管理	教育・ 成長支援	パフォーマン ス・エンゲー ジメント管理	退職管理
✓ 人材要件定義 ✓ 採用活動	✓ 入社手続き ✓ オンボーディング （定着支援） プログラム	✓ チーム組成 ✓ コラボレーション・コミュニケーション支援	✓ 評価・フィードバック ✓ 教育・学習機会提供	✓ パフォーマンス管理 ✓ ゴール設定とモニタリング ✓ エンゲージメント管理	✓ 退職アラート ✓ 退職時の手続き

人材情報収集・分析

✓ 意識調査・パルスサーベイ等を通じた人材情報の収集と分析
　（将来的には、蓄積したデータに基づく予測も）

人事オペレーション

✓ 人材データの管理、給与計算、勤怠管理　等

える領域である。記録された出退勤データやコミュニケーションデータ等の行動データを活用して、モチベーション管理や組織コンディションの把握につなげる取り組みが行われているが、そうして得られた分析結果をどのように組織や人材マネジメントに活用していくかに関しては、もう一段のブレークスルーが必要である。

3 変化の時代における
人事部門の役割・機能の在り方

■1 提供価値の視点から

　変化の時代における人事部門のありようを語る前提として、まずは「人事の提供価値」という視点から経営や事業に対する貢献の在り方を確認していきたい。

　デイビッド・ウルリッチとウェイン・ブロックバンクは『The HR Value proposition』（邦題『人事が生み出す会社の価値』[日経BP]、2008年）において人事部門が提供すべき価値を提言している[図表11]。

　後に人事部門の役割を、HRBP（HR Business Partner：戦略的ビジネスパートナー）、COE（Center of Excellence：報酬・採用・人材開発等を行う人事のプロ）、HR Operation（日常人事業務のプロ）の三つに集約するフレームワークの基点になった考え方である。筆者はHR Value propositionに整理された、普遍的な人事の提供価値を理解することが、人事部門の未来を洞察

図表11　人事部門の提供価値

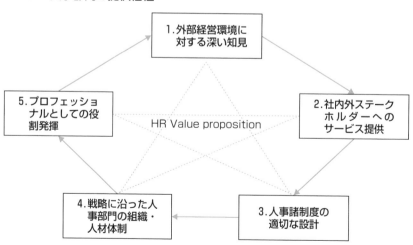

資料出所：『The HR Value proposition』（2005年　Dave Ulrich, Wayne Brockbank）よりNRI作成

する上で重要だと考えている。

■提供価値１：外部経営環境に対する深い知見

　(Knowing External Business Realities)

　人事部門は外部経営環境（テクノロジー、経済、環境、人口動態等）において生じている事象に精通した上で、社内の人事戦略を策定し、実行するというものである。

　ビジネスの価値連鎖を理解し、どのようにしてお金を稼ぎ、価値の低いインプットを価値の高いインプットに変換し、企業内資産を駆使して顧客や投資家の期待にいかに応えるかを考えることが求められる。そのためには、自社のビジネスを取り巻く外部経営環境について深い知見を有していることが必要である。

■提供価値２：社内外ステークホルダーへのサービス提供

　(Serving External and Internal Stakeholders)

　提供価値はサービスの受け手によって、その妥当性を判断され評価されるべきであるが、着目すべきは、社内の幹部やマネージャー、従業員といった社内関係者のみならず、社外の投資家や顧客も人事部門の提供価値の対象となるという考え方である。

　社内ステークホルダーである幹部・マネージャー・従業員に対しては、知識・スキル、生産性、エンプロイアビリティーを向上させるためのサービスを提供する。

　一方で、例えば人事部門が株価連動型の報酬体系を構築することで、幹部やマネージャーが投資家と同様の目線を持って行動するよう促すことや、従業員のコンピテンシー設計時に顧客視点をよりフォーカスすることで、顧客への体験価値（Customer Experience）提供を促すなど、人事部門による関わりを通じて社外ステークホルダーに対する間接的な価値・サービス提供を行うことが求められる。

■提供価値3：人事諸制度の適切な設計
(Crafting HR practices)

　人事部門が行う人事諸制度設計は、ステークホルダーの期待を十分に理解することが求められる。そのため人材管理、業績管理、人事情報管理、働き方・労務管理といった領域に関して、それぞれが整合性を保ちながら会社の戦略的な目標の達成に寄与すべく一気通貫した人事制度が検討されるべきである。

　われわれは、人や組織を管理するための日常的な業務、考え方、手続き、制度を人事（HR）とひとくくりの名称で呼ぶが、これら広範囲かつ無数の業務を適切に整合させ、有機的に検討を行うことで戦略や目標達成に貢献するというものである。

■提供価値4：戦略に沿った人事部門の組織・人材体制
(Building HR resources)

　人事部門では、個々の人事プロフェッショナルが最大のパフォーマンス発揮と価値創造ができるように組織設計とリソース配分を行わなければならない。限られた資源でより効果的、効率的に人事業務を行えるようにすることで、ビジネスのゴール達成に向けて全社・事業に貢献する。

　そして人事リーダーは、ステークホルダーからのさまざまな要求、経営戦略、人事戦略と人事部門の組織・人材体制を整合させることが求められる。

■提供価値5：プロフェッショナルとしての役割発揮
(Ensuring HR professionalism)

　人事プロフェッショナルとして以下の役割発揮のタイプが存在する。

①戦略パートナー

　単に自社の事業・ビジネスを理解することではなく、より深く理解することによって将来起こり得る課題を予見し、事業・ビジネスの成功に向けて人材面からの解決策を提示することである。事業・ビジネスのゴールに向けてより直接的に貢献することで、人事部門はビジネス上の意思決定に

影響を与えることができる。

②人材資源開発者

　将来に向けて個々の人材に対する育成プラン、保有スキルを活かすための配置、あるいは必要スキル獲得のための機会付与、時代遅れになった古いスキルを新たなスキルにアップデートするためのさまざまな支援を行う役割である。また、人材資源開発者の提供サービスには、トップマネジメントに対するエグゼクティブコーチングも含まれる。

③人事機能専門家

　採用、労務管理、タレントマネジメント、パフォーマンスマネジメント、リワード、インターナルコミュニケーション、人材教育といった領域ごとの専門家は、カンファレンスや専門雑誌等を通じて当該領域における世の中動向のウオッチ、他社ベンチマークを不断に行い、自社の人事機能を常にアップデートする。そして自社に合った制度や社員に提供する新たなサービス開発、事業・ビジネスの戦略に応じたカスタマイズを実施するのである。

④従業員擁護者

　従業員の声に耳を傾け、彼ら彼女らの問題意識を深く理解すると同時に真に共感する役割である。もちろん管理者としての目線も持ちつつ従業員に寄り添う姿勢が求められる。人事部門が必要以上にビジネスパートナー的役割に傾注することがあってはならない。従業員との良好な関係構築は、人材資源の維持向上に不可欠な役割といえる。

⑤各機能を束ねる人事リーダー

　人事リーダーは、自社内において取り組む課題（アジェンダ）を優先順位づけし、人事各機能のプロフェッショナルたちを動機づけすると同時に各機能が整合した動きになるようアラインさせていく。

　そしてさまざまな人事・人材面の変革を常に管理し、その進捗（しんちょく）について社内外のステークホルダーとのコミュニケーションを適切に図る役割を担う。

２ 存在意義の視点から

　次に存在意義を確認することで、人事部門の在り方を考察していく。人事部門が存在する意義は、突き詰めれば「人材獲得」「人材保持」「人材開発」の三つである [図表12]。

（１）人材獲得(Procurement)

　単なる新卒採用に限らず、外部市場または社内人材市場から必要なポジションに任用する人材を調達するために人事部門が存在するという考え方である。DXのようなビジネスモデル変革や業務改革の実現に向けて、不足するスキルや専門性を有した人材をグループ内または外部市場からタイムリーに調達しなければならない。

　また、中長期的な視点から自社の事業ポートフォリオがどのように変化していくかを見通し、そこで将来必要となる人材スキルの質と量を適切に予測

図表12　人事部門の存在意義

区分	人材獲得 (Procurement)	人材保持 (Maintenance)	人材開発 (Development)
目的	・外部市場または社内人材市場から必要なポジションに対して人材を調達し、ビジネスゴール達成に貢献する	・経営や事業運営に必要不可欠な人材を社外流出させない ・高いエンゲージメントを維持しパフォーマンスの極大化を図る	・人材開発（OJT、Off-JT、ローテーション等）によって社内の人材のポテンシャルを最大化し、人材に付加価値を付ける
人事としての価値発揮のポイント	・中長期的な事業ポートフォリオの変化を予測する ・将来必要なスキルの質と量を獲得するための戦略をプロアクティブに構想し実行する	・エンゲージメントを維持・向上させるために必要な投資やコストを見える化する ・見える化されたデータを活用して、経営や事業責任者と人事・人材課題に関する認識合わせを行い人事関連の制度改革につなげる	・ビジネスゴールである財務的結果（売上、利益、ROI・ROA）と人材開発投資の関係を見える化する ・見える化されたデータを活用して、経営や事業責任者に人材戦略の軌道修正等を助言する

して採用計画に落とし込むことが求められる。事業ポートフォリオの組み替えは経営企画・管理部門マターであるが、人事部門はこうした経営企画・管理部門あるいは事業企画部門と密に連携しつつ、必要な職種・人材に関する業界・市場の動向をウォッチし、人材獲得にまつわる中期的な課題解決に向けてプロアクティブに取り組まなければならない。

そして、人材獲得の手段はいわゆる正規社員雇用契約に限らない。人材獲得の最適化を図る上で、有期雇用や労働者派遣、業務請負といった契約形態のミックスをどうデザインしていくかも、その業務領域においてカバーされるべきである。

このように、多くの日本企業における現在の「採用担当」とは全く異なるレベルでの企画・構想機能と実行機能を具備することが求められる。

（2）人材保持(Maintenance)

人材保持は人事部門の根源的機能であり、究極の意義である。どんなに企業の業績が落ち込んでも、会社は経営や事業を運営するために不可欠な人材を社外に流出させてはならない。

社員に対して給与を払い、ベネフィットを提供し、適切な貢献評価や格付けを行ってエンゲージメントを向上させ、人的資産の価値を維持・向上させることで経営基盤を支えていく。労働組合や社員とのコミュニケーションを通じて、人や組織の問題意識、コンディションを把握することも人材保持に含まれる。

もちろん給与やベネフィットといった人件費は経営運営のために不可欠なお金であり、戦略的にマネジメントされる必要がある。給与水準は同業他社と比較して競争力があるか、マネジメント層とスタッフ層間あるいは事業間での配分状況は適切か、間接部門の人件費が膨張していないか、人材保持を担う部署ではさまざまな人事施策・制度設計を行う一方で、人やお金の資源配分を「見える化」して経営や事業責任者と認識を合わせておく必要がある。

昨今では、合併や買収、グループ再編において人材は最も気を使わなけれ

ばならない経営資源であるにもかかわらず、事業スキームやスピードが重視された結果、本来手放してはいけない人材が流出、あるいはエンゲージメントの低下が生じてしまい、思うような統合・再編効果が得られなかったという例は枚挙にいとまがない。デューデリジェンス（買収前の企業価値算定）時には対象となりにくい、人材や組織特有のカルチャーといった経営資源・風土が考慮されないことは、合併や買収といった経営戦略の成功確率を低下させることになる。

（3）人材開発(Development)

　人材開発によって人材のポテンシャルを最大化することは、企業としての持続的成長を担保することに直結する。日本の人材力が地盤沈下していることがさまざまなデータから指摘されているが、人材投資が十分に行われていないこともその要因であろう[図表13]。

図表13　GDP比で見た人材投資の各国比較

日本の人材投資は各国と比較して低レベルが継続している

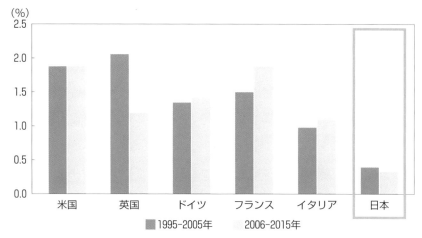

資料出所：日本生産性本部『生産性白書』(2020年)。宮川努・学習院大学教授、滝澤美帆・学習院大学教授、宮川大介・一橋大学大学院准教授により作成
[注]　欧米各国はINTAN-Invest Edition April 2020（不動産、公的部門、医療、教育などを除く全産業）、日本は日本産業生産性データベース（JIP2018、全産業）より計算。

　もちろんやみくもに人材に投資をしたからといって、それが人材開発につながるかというと、それは否である。「人はどうやって育つのか」には諸説あるものの、「さまざまな業務経験を通じて人は成長する」が最もまっとうな答えである。

　現場の業務に深く入り込む権限を持たない人事部門が人材開発において担える機能とは、経営層や事業現場に対して「人材開発の仕組み化」を提供することと、人材開発や人材投資の結果が企業や事業のゴールにどうつながっているかを示す「見える化」となる。

　実際に、人材開発は多くの形態をとる。業務でのOJTやOff-JT（社内外研修）以外にも自己学習、ジョブローテーション、社外への出向、あるいは社内兼業を通じて人材の付加価値を高めることも人材開発の一形態である。

　一般に人材開発における悩みどころは、こうしたさまざまな形態に対して施策や投資の効果（リターン）が分かりづらいということである。もちろん「カークパトリックモデル」のような研修効果を測定するフレームワークは存在するものの、十分に実践として活用できるかどうかは判断が分かれるところであろう[図表14]。

図表14　カークパトリックモデルによる教育・研修の効果測定フレーム

レベル	定義	測定内容と項目
1	Reaction（反応）	・「受講者はそのプログラムを気に入っていたか？」 →受講者の理解度、満足度
2	Learning（学習）	・「受講者はプログラムにおいて何を学習したか？」 →受講者の知識、スキルの習得度
3	Behavior（行動）	・「受講者は学習したことに基づいて自らの行動を変化させたか？」 →受講者の職場での活用度、行動の変化
4	Results（結果）	・「受講者の行動変容は組織に良い営業をもたらしたか？」 →生産性の増加、品質の改善、コストの削減、クレームの減少、事故の削減、売上拡大、離職率の低下、利益率の増加

資料出所：松下直子・茅切伸明著『[実践] 社員教育推進マニュアル』（PHP研究所）

カークパトリックモデルの思想もそうだが、人材開発の効果は教育を受けた人材のスキルアップ、行動の変化、そして続いて起きるはずの業務品質向上、生産性向上、イノベーション、収益拡大等を通じて測定され得るものである。もちろん、受講した研修についての満足度を問うことはプログラムの改善やインストラクターや外部研修ベンダーの入れ替えには有効である。しかし、ビジネスゴールを達成するために企業は人材開発に投資をするのであって、インストラクターへの満足度を向上させるために投資をするのではない。

　そのように考えると、ビジネスゴールである財務的結果（売上、利益、ROIやROAといった効率性指標）に人材開発投資がどの程度寄与したかを見える化し、モニタリングしていくことは、非常にチャレンジングな取り組みではあるものの、人材開発として必要不可欠な機能といえるだろう。

■3 経営・事業との密着の視点から

　ここでは経営・事業との密着の視点にフォーカスして、人事部門の役割や機能のありようについて考えてみたい。

　ビジネスの成功（ゴール）に対する人事部門の直接的な貢献への期待を体現する役割が、HRビジネスパートナー（HRBP）である。

　現在も人事部門内、あるいは事業組織サイドにHRビジネスパートナーという部署や役割を設けている企業が少なからず見られるが、ビジネスの真のパートナーとして何をなすべきかについては多くの日本企業においていまだ模索段階といえる。

　一般的には、自社のビジネス（ビジネスモデル）やそのバリューチェーンに対する深い理解に基づく、必要な人材リソース確保のためのプロアクティブな提案と実行、中長期的な事業の注力領域に向けた人材ポートフォリオ組み替えの推進支援、といったテーマが挙げられている。しかしながら、いずれも抽象度が高く、HRビジネスパートナーとしての具体的な貢献の絵姿やアウトプットがイメージし難い。

　筆者は、経営や事業により密着したHRビジネスパートナーの役割を「見

える化を通じた、経営・事業が保有する人材資源の付加価値最大化支援」と定義している。

　人材資源の付加価値を上げるためには、有能な「人材を獲得」し、教育や機会付与を通じて「能力開発」を図り、ポテンシャルを最大限引き出す必要がある。

　前述したように、このような「人材資源の付加価値」を上げるための取り組みは（新卒一括採用や全社一律の教育プログラム運営を除けば）ビジネスを営む現場組織で行われるため、人事部門が直接扱うことはできない。一方で、人材資源の成長や変化を経営・事業単位や機能単位で「見える化」し、その人材開発の施策・取り組みや投資が効果を上げているのか仮説検証（Plan-Do-See）するサイクルを回していくサポートは、HRビジネスパートナーとして大切な役割といえる [図表15]。

　そのためには、人材の獲得・開発にどの程度お金をかけているのか、結果として組織の生産性や収益がどう変化したのかを把握するための指標を設定し、進捗をモニタリングし、その状況を分かりやすく経営層や事業責任者へ伝え、対話することが必須となる [図表16]。

　具体的なイメージとしては、[図表17] に示すような「人材ダッシュボード」

図表15　HRビジネスパートナーの役割

「人材の見える化」を通じた人材資源の付加価値最大化支援

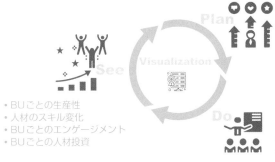

- BUごとの生産性
- 人材のスキル変化
- BUごとのエンゲージメント
- BUごとの人材投資

- 中長期の人材ポートフォリオ
- 不足人員の解消計画
- スキルギャップの解消計画

- スキル獲得のためのアサイン
- ローテーション
- 研修実施
- 外部からの人材調達

図表16　人材資源のモニタリング指標例

「経営からの問い」と人材投資を加速化させるための
KPI（人材マネジメントと組織成果をつなげる）

【1】人材の生産性は上がっているのか？

| HCVA：1人当たり付加価値
（Human Capital Value
Added） | ▶ | $$\dfrac{売上 - \{経費 - （給与 ＋ 教育投資 ＋ ベネフィット）\}}{社員数（FTE）※}$$ |

※「FTE」はFull Time Employeeの略。フルタイム人員への換算数

【2】人材投資は効果が上がっているか？

| 人材ROI & A
（Human Capital Return on
Investment & Asset） | ▶ | $$\dfrac{売上 - \{経費 - （給与 ＋ 教育投資 ＋ ベネフィット）\}}{給与 ＋ 教育投資 ＋ ベネフィット}$$ |

資料出所：ジャック・フィッツエンツ著『人的資本のROI』（生産性出版）よりNRI作成

図表17　人材ダッシュボードのイメージ

企業組織 パフォーマンス指標	・1人当たり付加価値額（全社／組織単位）		
エンゲージメント 指標	・社員エンゲージメントスコア（全社／組織単位）		
人材投資指標	・人材ROI & A（全社／組織単位）		
プロセス指標	**人材獲得** （Procurement） ・採用コスト ・新規雇用数 ・オンタイムの人材配置 ・ハイポジション調達数 ・キーポジションのレディネス率※1	**人材保持** （Maintenance） ・FTE当たり売上 ・報酬単価（外部市場パーセンタイル）※2 ・報奨金運用 ・ベネフィット対給与率 ・離職率 ・ターンオーバーコスト	**人材開発** （Development） ・総教育研修費用 ・FTE当たり教育研修費 ・総教育研修時間 ・研修コンテンツ稼働率 ・上位ポスト任用数 ・ジョブポスティング数（マッチング数） ・獲得スキル（ランク変化）

※1　後任・後継候補が確保されている割合
※2　外部人材市場報酬データの最小値から数えた位置

を全社や事業単位に提供して、自組織の人材資源がどのような状況となっているかを示し、人材面での具体的な取り組み課題の設定や見直し、人事施策の実行を促すことである。

こうしたデータをタイムリーに提供するためには、ERP（Enterprise Resource Planning）パッケージといわれる統合型基幹業務システムの導入によって会計情報と人事情報が一つの情報プラットフォームにて管理されることが不可欠となる。

4 人事部門に求められるケイパビリティ（組織能力）

■1 日本型人材マネジメントモデルにおける人事部門のケイパビリティ

いまだに多くの日本企業は、終身雇用を前提とした新卒一括採用、職務遂行能力（職能）をベースとした相対的に遅めの昇格運用、報酬が徐々に安定的に上昇する一方で、一定年齢を超えてからは逓減する長期決済型の賃金システムといった日本型人事制度を運用している。そして、その制度運用によって輩出されるいわゆるゼネラリスト人材が日本の企業経営を支えてきたことも事実として受け止めなければならない。

これまでは、この「日本型人材マネジメントモデル」を時代の要請に応じて少しずつ手直ししながら、企業の各組織や階層にゼネラリスト人材を安定供給することが人事部門のミッションであり、存在意義であった。

こうした時代において人事部門に必要不可欠なケイパビリティ（組織能力）は「バランス能力」である。

尖った人材よりも会社の組織風土にフィットし、不平を言わずいろいろな仕事をやってくれる人材を採用して、組織横断的に全従業員の職務遂行能力を把握し、不公平がないように昇進・昇格運用を管理し、事業部門やコーポレート組織からの人員配置、異動といった要望に対して独自の人材情報を駆使しながら大所高所から判断を行う。その際に重要なのは「他社がどうしているか」「過去の自社の人事制度・運用のやり方と照らし合わせて矛盾や齟齬

がないか」「組織間の縦・横・斜めの整合は取れているか」を慎重かつ適切に判断できるバランス能力である。

ところが、「変化が激しく、予測し得ない環境が当たり前」の時代到来で、こうした日本企業の伝統的人材戦略とオペレーションシステム、さらには人事部門のミッションや必要なケイパビリティは根底から覆されてしまった。

今、人事部門に求められるケイパビリティは大きく変化しようとしている。

❷CASEの人材戦略実現に向けた人事部門のケイパビリティ

次に、人事部門の提供価値の視点とCASEを中心とした「変化が激しい時代におけるしなやかな組織・人材づくり」を念頭に、近未来の人事部門に求められる三つのケイパビリティを提案したい[図表18〜19]。

図表18　未来の人事部門に必要なケイパビリティ　全体図

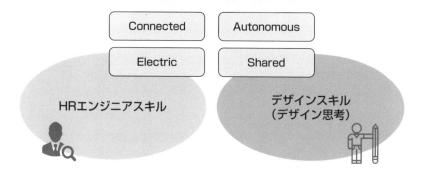

図表19　未来の人事部門に必要なケイパビリティ

スキル	概要
ビジネスHRスキル	・外部環境、社会課題の動向、競合の動向といった社内外の経営環境に対する幅広な知見 ・自社のビジネスモデル・業務プロセスへの深い理解 ・ジョブディスクリプションや事業ポートフォリオに応じた人材調達戦略の立案・遂行スキル ・「見える化」を通じて人材資源の付加価値を高めるサポートができるスキル
HRエンジニアスキル	・「人材マネジメントの高度化」に寄与できるデータサイエンス、AIエンジニアリングスキル ・HRテクノロジー活用による業務効率化を企画・推進できるスキル ・複雑な人事体系を設計できるエンジニアリング力 ・モニタリングしたい人事・人材系KPIをERPパッケージに落とし込むスキル
デザインスキル （デザイン思考）	・「人中心」「エンパシー（共感力）」「コラボレーション」「フェイルファスト（素早く失敗）」「メタ認知」等のマインドセット ・社内外のステークホルダーの声に耳を傾け、課題を具現化するスキル ・人事変革に必要な人材を巻き込み、特に事業サイドと協働で社内人材の価値創造を推進できるスキル

（1）ビジネスHRスキル

　自社の事業戦略に限らず、競合企業の動向や経営を取り巻く外部環境（テクノロジー、経済、環境、人口動態等）、社会課題の動向といった社内外の経営環境に対して、さらに深い理解・精通がこれからの人事部門には求められる。

　前項にて述べた「提供価値の視点からの人事部門の役割」であり、自社のビジネスモデルにおける価値連鎖を深く理解し、社会課題の解決を通じて、価値の低いインプットを価値の高いアウトプットに変換して、企業外部と内部のステークホルダーの期待に応えていかなければならない。

　そうした価値連鎖において、どのような人材がどこのプロセスに何人必要なのか、そうした人材の育成・獲得といった調達戦略をどうすべきかを事業責任者に対して企画・提案し、そして実行できるスキルが「ビジネスHRス

キル」である。

　そして、「ビジネスHRスキル」で求められるのは、社内人材のマッチング（Connected）や外部からの人材調達時や兼業・副業、あるいは他社出向といった人材共有化（Shared）検討時においても、事業部門の幹部と同じ視座で自社の事業内容、業務プロセス、外部環境を理解し、コミュニケーションできるレベルである。

　例えるならば、優秀なヘッドハンターが持っているスキルに近いといえる。クライアント企業の業種やビジネスの特性、KFS（Key Factors for Success：成功のカギ）と業務プロセスを深く理解し、どのようなスキルセットやマインドセットを有した人材であれば、そのポジションで成果を上げられるのかを提案できる能力やスキル、ビジネスセンスを磨かなければならない。

　また、ビジネスのゴールや事業ポートフォリオ改革に向けて人材資源に対してどのような投資を行うべきか、投資の結果としての生産性向上やスキルがどう変化しているかを分かりやすく「見える化」し、経営層や事業責任者に対して適切なコミュニケーションを行えることもビジネスHRスキルの大切な要素といえるだろう。

（2）HRエンジニアスキル

　人事部門に求められる二つ目のケイパビリティとして、人事業務効率化のためのテクノロジー活用スキルだけではなく、ピープルアナリティクスに代表されるような「人材マネジメントの高度化」に寄与できるデータサイエンス、AIエンジニアリングスキルも重要となる。

　少子高齢化によって日本国内の労働力人口は確実に減少するため、恒常的な人材不足状態は基本的に解消されない。変化の激しい環境における人材戦略の基本スタンスは、ヒトの持つ能力、スキル、ポテンシャルを見定めて、パフォーマンスを最大化するジョブやチームにアサイン（Connected）することである。

　ここでいう「ヒトの持つ能力、スキル、ポテンシャル」に関して、能力・スキルの定義やその見極め方法、そして、どのジョブやチームで成果を出す

ためにはどのような能力・スキルが必要なのかに関して、十分に解明されているとは言い難い。その理由の一つは、ヒトが持つ能力、スキル、ポテンシャルに対してさまざまな教育投資（研修やOJT、自己啓発）を行った結果、ヒトや組織の行動や成果がどのように変化するかをモニタリングできていない点にある。

　人材資源に対して多大な投資をしているにもかかわらず、それが正しかったか否かの共通認識がないまま次なる投資の是非を判断しているのが多くの企業での現状といえる。こうした事態を打開するにはヒトの能力、スキルを集約した人事情報データベースを整備すると同時に、人材投資や生産性といった指標を組織単位に見える化し、リアルタイムに把握、モニタリングできるための人事情報システムを構築する必要がある。

　また、いわゆるジョブ型人事制度への移行トレンドに伴って、今後はデジタル人材に限らず、外部市場価値と報酬水準を連動できる処遇制度の設計や運用が必要となってくる。そうした制度をエンジニアリング（設計）できるスキルが今後も必須であることは言うまでもない。

（3）デザインスキル（デザイン思考）

　人事部門に求められる三つ目のケイパビリティとして、「デザインスキル」を取り上げる。人事部門にとってのステークホルダーである従業員の声に耳を傾け、事業やビジネスの課題と向き合い、人事部門の有するデータやテクノロジーを活用して、従業員にとどまらず社内外のステークホルダーに対してもコミュニケーションができるスキルである。

　例えば、2020年6月に実施された上場企業の株主総会において、ある機関投資家は投資先の取締役会メンバーに対して、「どうやってwithコロナ時代において売上や利益を回復させるのか」を問うのではなく、「どのようにして従業員に対して、安全な労働環境を提供しているのか」「従業員のリモートやオンラインでの業務遂行に対して、どのような配慮を行っているのか。生産性向上につなげるための具体策は何か」といった人材戦略を問うていた。

　人事部門は、このような会社や従業員を取り巻く外部・社会からの声や課

題認識を受け止め、その解決に向けた具体的な取り組みやソリューションを生み出す必要がある。まさしくそれは「デザインスキル（デザイン思考）」そのものである。

　人材マネジメントをどう制度設計するかではなく、会社の従業員に対して、社会の中の一市民としてどのような存在でいてほしいのか、会社や組織の中でどのような経験をしてどのようなキャリアを歩んでいってもらいたいのか、そうした思考を通じてビジネス領域から吸い上げた課題と向き合い、人事部門の有するデータやテクノロジーを駆使し、社内外ステークホルダーに対して価値提供する行動こそが、これからの人事部門に求められる不可欠なケイパビリティとなる。

【参考文献】

- Dave Ulrich, Wayne Brockbank 2005. *The HR value proposition*. Harvard Business Review Press
- デイブ・ウルリッチ、ウェイン・ブロックバンク、ダニ・ジョンソン、カート・スタンドボルツ、ジョン・ヤンガー著　中島豊訳『人事コンピテンシー』（生産性出版）
- ジャック・フィッツエンツ著　田中公一訳『人的資本のROI』（生産性出版）
- フレデリック・ラルー著、鈴木立哉訳『ティール組織』（英治出版）
- 内藤琢磨編著『デジタル時代の人材マネジメント』（東洋経済新報社）

内藤琢磨　　ないとう たくま

株式会社野村総合研究所
経営DXコンサルティング部
人材戦略・チェンジマネジメントグループ
グループマネージャー／上席コンサルタント

慶應義塾大学商学部卒業。千代田生命保険相互会社、朝日アーサーアンダーセン
ビジネスコンサルティングを経て、2002年野村総合研究所入社。国内大手グロー
バル企業の組織・人事領域に関する数多くのコンサルティング活動に従事。専門
領域は人事・人材戦略、人事制度設計、グループ再編人事、タレントマネジメン
ト、コーポレートガバナンス。主な著書・論文に『人事制度改革』（共著、東洋経
済新報社、2001年）、『NRI流 変革実現力』（共著、中央経済社、2014年）、『「強く
て小さい」グローバル本社のつくり方』（共著、野村総合研究所、2014年）、『デジ
タル時代の人材マネジメント』（東洋経済新報社、2020年）がある。

会社概要

本社　東京都千代田区大手町１−９−２
　　　大手町フィナンシャルシティ グランキューブ

資本金　211億7516万円

従業員数　6507人（単体）

事業概要　野村総合研究所は、「コンサルティング」「金融ITソリューション」「産業
ITソリューション」「IT基盤サービス」の四つの事業を有し、日本のほか、アジア、
アメリカ、ヨーロッパに拠点を置き、それぞれが連携しながら、調査・研究、コン
サルティング、ITソリューションなどのサービスを提供し、グローバルに事業を展
開する企業を支援している。

https://www.nri.com/jp

マーサー ジャパン株式会社

ジョブ型雇用の実現を見据えた
人事機能改革

環境変化・中長期的なトレンドに合わせた
人事マネジメントのアプローチ

白井正人
取締役　執行役員

磯部浩也
組織・人事変革コンサルティング
デジタルプラクティス リーダー

なぜ、人事機能改革はうまくいかなかったのか

この10年以上、人事機能に関してくすぶっている話題がある。一つはHRビジネスパートナー（以下、HRBP）の設置・強化であり、もう一つはサクセスファクターズやワークデイに代表されるクラウド型のHRITシステムの導入だ。どちらも欧米のグローバル多国籍企業においては一般的な施策である。その目指すところに共感した日本企業においても、HRMのグローバル化に伴い、これらの改革が実施されてきた。ただ、多くの会社でその二つは、必ずしも大きな効果を発揮できず、導入・運用に苦労することも多かった。

実は、HRBPにしても、HRクラウドにしても、ジョブ型雇用が前提となっている概念であり、メンバーシップ型雇用の日本企業ではうまく機能させることが難しいのだ。ただ、その前提をあまりよく理解しないまま、多くの企業が導入に踏み切り、フラストレーションを抱えることになった。

ここで簡単に、その原因となったメンバーシップ型雇用とジョブ型雇用の違いを整理する[図表1]。メンバーシップ型雇用は、「雇用を保障する代わりに、個人が従事する業務を会社が決定する」という雇用の在り方であり、会社と個人は保護者・被保護者的な関係になる。終身雇用が基本となり、人材の流動性は低い。その結果、新卒一括採用となり、会社主導のローテーションを実施する。40年間の先輩・同僚・後輩関係が積層し、その組織体をうまく運営するために、内部公平性が重視され、昇給・賞与・昇格などは人事部による"中央管理"となる。また、戦略と人的資源の関係を考えると、既存人材の維持が前提のため、戦略より先に人的資源が決まり、事業や戦略に基づき人的資源を整備するという考え方はあまりない。

一方、ジョブ型雇用は「会社と個人が合意したジョブの遂行に対して適切な対価を支払う」という雇用の在り方であり、一般的な商品・サービスの市場取引に近い。法律上の制約はあるものの、理念的には会社と個人は対等な取引関係（お互いに選び・選ばれる関係）であり、双方の事情は相互に尊重され、いずれからの契約の打ち切りも原則的に自由である。遂行するジョブの重要性や需給バランスは違うので、ジョブごとに価格（報酬）が変わり、

図表1　メンバーシップ型雇用とジョブ型雇用の違い

項　　目		メンバーシップ型雇用	ジョブ型雇用
基本的な考え方		雇用保障、会社主導キャリア、不利益変更禁止	労働力の市場取引、個人主導キャリア
		保護者・被保護者	対等な取引関係
		クローズドコミュニティ前提	オープンコミュニティ前提
		内部公平性	外部競争力
		安心・安定	キャリア自律
人事制度	等　　級	職能または役割	役割またはキャリアレベル（×職種）※市場と整合
	報　　酬	年功または内部貢献	職種別市場価値（職種×役割）
	（給与・賞与）	人事制度による昇給・賞与決定	ファンド化、マネージャーによる処遇決定
	評　　価	処遇目的	カスケード、人材開発目的
人材フロー	採　　用	新卒一括採用、中途採用	職種別採用（新卒・中途）
	配置・転勤	会社主導	個人同意、社内公募・社内FA中心
	教　　育	階層別	選抜研修、eラーニング（自発）
	退職管理	希望退職	希望退職、恒常的PIP
	サクセッション	緩やかに実施	GM候補は早くから明確に実施
人事運営	要員計画	既存＋新卒－定年	ビジネスベース
	管理会計・予算（人件費）	グロスおよび対前年成長率で算定	部門別、個人別に採用、昇給・昇格を推定、予実管理
	ジョブ定義	必ずしも必要なし	職種×等級定義または職務記述書整備
	カスケード	評価のために実施	役割の明確化のために実施

職種別報酬となる。その結果、採用も職種別に行われ、キャリア形成も職種別になる。また、対等取引であるため、異動は本人の同意が必要となる一方で、ジョブの遂行が求められる水準に満たない場合はPIP（Performance Improvement Plan：業績改善プログラム）にかかり、場合によっては退職勧

奨となるかもしれない。昇給・賞与・昇格に関しては、個々の状況に応じたインセンティブの提供やリテンション（人材の引き留め）を考慮しながら、現場のマネージャーが決定を行う。また、戦略と人的資源の関係については、戦略遂行に必要なジョブが決まり、そのジョブを遂行する人材を確保するという考え方であり、戦略に基づき、人材の流入出、リスキル（社内人材の再教育）・スキルアップが必要とされるという考え方だ。

　HRBPやクラウド型HRITシステムの導入・運用がうまくいかなかった、そればかりか、この10年間に行われた人事機能改革が効果的でないという企業も少なからず見受けられるのは、前提となっている人材マネジメントのモデルが異なることにその一因があると推察される。すなわち、実際の人事運営はメンバーシップ型雇用のまま、ジョブ型雇用を前提とした人事機能改革を行ったことに無理があったのだ。しかし、現在は多くの企業においてジョブ型雇用への改革の検討が始まっており、本格的な人事機能改革を行う素地が整ってきたといえる。

　そこで、どのような人事機能改革を行うべきか、あらためて整理したい。

2　ジョブ型雇用を前提とした人事機能改革の方向性

　前述のとおり、人事諸制度、人材フロー、人事運営それぞれに変化はあるが、人材マネジメント全体として、ジョブ型雇用実現に向けて求められる要件は、以下の四つである。

①経営・事業運営に必要な組織能力の確保が重視されている
②個々のキャリア自律を前提とした構えになっている
③変化への対応力、すなわち問題解決能力が優先されている
④人事部門がデジタルケイパビリティ（デジタル活用能力）を活用した先
　進的な能力を備えている

　以下、個々に見ていこう。

■1 経営・事業運営に必要な組織能力の確保が重視されている

　ジョブ型雇用の思想は、労働市場を通じた人材の流入出や既存人員のリスキルを行い、戦略実現のために組織能力を確保するというものである。

　これを実現するためには、戦略実現に必要な役割をジョブとして定義し、そのジョブを遂行可能な人材を獲得するために、外部競争力を高め、優秀人材を引き留め、必要な場合は再教育を促すなど、組織能力を備えていくことが重要となる。

　したがって、必要な人材像・要員数を規定し、その確保のために必要な施策（採用、配置、育成など）方針を立案する一連の流れ（＝ワークフォースプラン）を担当する機能の強化が、一つ目の要件となる。従来は採用、給与、育成など、業務別組織で施策立案・運営されていたものを、一つの独立機能として設置することで、戦略との連動性を高めていくことが考えられる［図表2］。

■2 個々のキャリア自律を前提とした構えになっている

　社員の立場から見たジョブ型雇用は、本人がジョブを選択し、仕事を通して専門性を高め、社内外を含めて能動的にキャリア形成を行うというものである。社員本人の意思によりジョブを選択することになるため、以前から行われてきた定期異動、それに伴う職種転換、会社命令での転勤といった仕組みとは親和性が低く、人事異動は、社内公募を含む本人希望、あるいは本人同意に基づくものが前提となる。ジョブ型雇用においては、キャリア自律を促進する人材フローの整備が必要となる［図表3］。

■3 変化への対応力、すなわち問題解決能力が優先されている

　事業環境の変化が加速し、複雑性が高まっていることから、各企業の戦略もそれに合わせて素早く変化している。急激な変化は何らかの問題を発生させる傾向があり、人事領域においても発生する問題にスピーディーに対応する必要がある。従来は新卒採用した人材を長期間にわたって育成・活用することが前提となっており、効率的な運営をすべく重複のない機能別組織とし

図表 2　人材マネジメント体系の変化

終身雇用を前提とした
伝統的な人材マネジメント
内部公正性の担保を重視、
ルールに基づく正確かつ効率的な
オペレーションが中心
人材フロー
報酬
採用
配置
評価
育成
代謝
等級
既存人材の長期的な活用を
前提とした機能重複のない
効率的な運営を重視
戦略に基づく人材流動性を前提とした
人材マネジメント
外部競争力を重視、
戦略に合ったタイムリーな
人材の確保・有効活用が中心
採用
パフォーマンス
マネジメント
タレント
マネジメント
ワークフォース
プランニング
HR
アナリティクス
報酬
マネジメント
組織開発／人材開発
ワークフォースプランニングを
起点に発生するIssueに対する
統合的な運営を重視

図表 3　異動・配置の比較（人事異動の例）

会社主導キャリア ←→ 個人主導キャリア

	在籍期間・経験年数に基づくローテーション人事／玉突き人事	事業計画・要員計画に基づく異動・配置 サクセッサー・ハイポテンシャル人材の育成目的のアサインメント	ジョブポスティング（社内公募）による異動、社内FAなど 本人の希望による配置・昇格
メリット	・幅広い経験の獲得 ・セクショナリズムの軽減	・特定層に対する人材開発 ・事業ニーズに即した人員配置	・個人の自律的なキャリア形成、活性化
デメリット	・キャリアの自律性が損なわれる	・選ばれなかった人のデモチベート	・自律性が低い場合は、キャリア硬直化

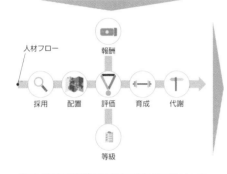

図表4　人事部門組織の変化

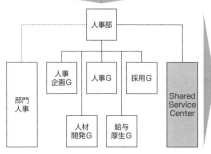

ていたが、今後は戦略変化への適応を見据え、問題解決を行いやすい体制への転換が必要となる。具体的には『HR Transformation』（邦題『人事大変革』［生産性出版］）の著者でミシガン大学のデイビッド・ウルリッチ教授の提唱する人事機能組織モデルにあるように、事業における人事課題の解決のためにビジネスパートナーを強化し、そのビジネスパートナーの問題解決を支援しやすい専門性が高い中央人事機能を設置し、この両者の時間をオペレーションに費やさないで済むようにシェアードサービスセンターに代表されるオペレーション機能の強化が必要となる［図表4］。

⚃ 人事部門がデジタルケイパビリティを活用した　先進的な能力を備えている

　これまでITシステム化は情報システム部門を主体とした取り組みだったが、テクノロジーがユーザー部門にとっても身近なものになりつつあることや、

従来的なシステム仕様を考えて開発を行うような進め方では、経営から求められるスピードに追随できないことを背景とし、人事部門もITを率先して活用・実装できるような能力を保持することが必要な時代になりつつある。

また、データを人材マネジメントに活用するピープルアナリティクス（社員や組織に関するデータを収集・分析し、組織づくりに活かす組織開発の手法）などの新たな取り組みへの対応を進める上でも、人事部門のデジタルケイパビリティ（デジタル活用能力）の獲得が必要である。

［図表5］は、人事機能組織モデルに即したセンターオブエクセレンス／エ

図表5　人事機能組織モデルに即した主な役割

	内　　容	主な業務・役割
COE (Center Of Excellence/ Expertise)	要員計画、報酬、採用、人材開発・育成等の各人材マネジメント領域の専門家集団とされ、先端のナレッジの集積・研究を行い、それに基づき、戦略実現のための人材マネジメント施策の立案、人事制度・ポリシーの策定、施策定着・統制のためのモニタリング、中央人事として実施すべき施策（タレントマネジメント、人材育成等）の企画・実行が主な役割となる	・事業部門の人事施策のガイド ・中央人事がリードすべき施策の実行
HRBP (HR Business Partners)	企業戦略・事業戦略に基づいた人事戦略を構築・実行支援すること、それに必要な問題解決をミッションとし、経営・事業のパートナーと位置づけられる。HRBPは事業部門・経営などマネジメントの単位ごとに設置され、事業固有の状況・課題に応じた人材マネジメントを実現することが求められる	・事業部門の人材戦略立案・実行支援（アドバイス、作業支援） ・事業部門の人事領域での問題解決 ・その他、変革における人事的な事業課題解決サポート
Operations	人事に関わる定型業務を中心とした業務処理を行う機能である。給与計算、福利厚生、採用実務などルール・基準に基づき、大量の業務処理を行うことになるため、品質の標準化・向上やコスト面からの効率性・生産性の向上が求められる	・人事関連の定型業務の遂行 ・社員に対する充実したサービスの提供
HRIT	各種人材マネジメントの取り組みを、より効率的かつ効果的な実行に向けて支援するための仕組みであり、COE、HRBP、Operationsを強化・効率化する情報基盤である。近年はテクノロジーが急速に発展しており、世界的にその重要性は増している	・HR機能、社員サービスに適した全体システム構成 ・自社の人材マネジメントに適合したシステム機能・サービスの提供

クスパティーズ（以下、COE）、HRBP、オペレーション、HRITの主な役割
である。

3 COEの変革

■ 変革の方向性

　ジョブ型雇用においては、事業にとって必要な人材の維持・確保や社員の
キャリア自律が優先される。それに合わせて、人事権は現場に渡り、HRBP
がそれを支援し、COEは新たな雇用のエコシステムに即した人材マネジメン
トの基盤（各種施策・ルール）の策定を行う。

　また、1人の社員が多くの職種や部署をローテーションするゼネラルロー
テーションが廃止されることで、経営人材の計画的な育成の重要度が増すこ
ととなり、サクセッションプラン（後継者計画）などのタレントマネジメン
トの施策強化も必要となる。

■ 新たな人材マネジメントのガイドライン作成

　人材マネジメントがジョブ型雇用を前提としたものに変わることで、各種
人事諸施策・業務のガイドラインをあらためて規定し、HRBPを通じて事業
部門に展開することになる。対象としては、[図表6]の施策・業務が挙げら
れるが、以前よりも事業の役割・裁量が大きくなることから、COEが専門的
知見により現場マネジメント活動をサポートするという視点に加え、ガバナ
ンスの観点から一定程度の統制を利かせることにも考慮したガイドライン整
備が必要となるだろう。

■ 主な対応例

（1）要員計画のガイドライン、テンプレートの見直し

　戦略に合致した人材ポートフォリオを実現するため、事業部門にてワーク
フォースプラン（ジョブ別要員計画）を策定する。人件費計画も「必要なジョ

図表6　ジョブ型雇用における人事部門・マネージャーの施策・業務

	ジョブ型雇用で新たに行うこと	人事部門に求められる業務（≒ガイド・アドバイス）	マネージャーに求められる業務（≒決定）
要員と人件費管理	・事業計画ベースの要員計画 ・個人別の積み上げ人件費予算	・要員計画、人件費管理のガイドラインを設計 ・システム／テンプレートを準備 ・各種アドバイス	・事業計画の一部として、必要なマンパワーに基づき、職種×キャリアレベル別に要員計画を立案 ・個人別に適切な報酬を仮置きし、人件費予算を設定
採用	・現場主導の職種別採用（新卒・中途を問わず）	・採用プロセスおよびインタビューガイドラインの策定	
配置	・社内公募主体の配置 ・会社裁量の異動の廃止	・ジョブを定義する上でのガイドライン設計およびアドバイス ・インタビューガイドラインの設計およびインストラクション	・ジョブの定義 ・価値観、コンピテンシー、専門能力に関する構造的インタビュー
評価（パフォーマンスマネジメント）	・カスケードや人材開発へのフォーカス（処遇決定ではなく）	・カスケードや能力開発目標を設定するためのガイドラインの準備およびインストラクション	・目標設定領域の課題（レバレッジポイント）定義や関係者の役回りの定義 ・部下のキャリア・能力上の課題の定義
報酬	・職種別市場価値 ・市場価値、パフォーマンス、リテンションリスクに基づく報酬決定	・職種別報酬制度の設計、システム／テンプレート準備 ・昇給、賞与、昇格決定にまつわる基本ガイドライン準備 ・昇給・賞与ファンド設定 ・各種アドバイス	・昇給、賞与、昇格の部門内の運用ガイド策定 ・ファンド内で昇給・賞与・昇格の決定
教育	・自律的な学習機会の提供（eラーニング） ・選抜教育	・コーチングガイドライン準備およびインストラクション	・能力向上・キャリア開発のためのコーチング
退職	・PIP・退職勧奨	・PIP・退職勧奨ガイドライン準備	・パフォーマンス上の課題の定義 ・モニタリング・コミュニケーション

ブ×キャリアレベル×要員数」での積み上げ、要員計画に基づく昇給予算の作成を行うことになることから、計画策定ガイドライン、テンプレートを見直す。また、モニタリングを効果的に実施できるようITシステムを準備する。

（2）採用プロセスの見直し、ガイド作成

　事業目標達成に必要な人材について、内部で確保できない場合は適宜、外部労働市場から確保しなければならない。人材の確保は、目標達成に必要な役割・要件（能力・経験など）を定義したジョブに対して行うことになる。したがって、ジョブ別・職種別採用に仕組みが変化する。実務面では、事業部が部門予算内で採用する権限を持ち、COEは専門性を活かして母集団形成（採用エージェント対応など）を担当するため、現場起点での採用・予算コントロールのためのプロセス見直しやマネージャー向けのインタビューガイドラインを作成する。

（3）パフォーマンスマネジメント（評価）のガイドライン見直し

　従来、評価制度は給与・賞与の金額を決定するための仕組みという色彩が強く、目標達成に向けて動機づけを行うことや、個人の能力開発を促すという、パフォーマンスマネジメントに求められている目的の達成は不十分であった。ジョブ型雇用においては、評価と報酬の結びつきが、従前と比較し相対的に弱くなるため、それらの目的の達成に向け、現場で適切な評価運用がなされるよう、目標設定・評価・フィードバックのガイドライン見直しを行う。

（4）報酬決定ガイドライン作成

　社員の報酬は、担当する職務の役割の大きさ、職種の市場報酬水準、パフォーマンス、リテンションリスクなど、さまざまな要素から総合的に決定されることになる。したがって、報酬決定ルールは固定的なものから、柔軟性を持つ仕組みに変化する。具体的には、人事部門が各部門で昇給・賞与に使ってよい総額（部門別の昇給・賞与ファンド）を決定した後、マネージャーがそのファンドを個々の社員へ配分する方式となる。

昇給・賞与ファンドを決定するプロセスや判断基準を整理した上で、市場価値、パフォーマンス、リテンションリスクなどを総合判断する。そして、個人の報酬を決定できるようにガイドラインやテンプレートを作成し、運用を効率的に実施するためにITシステムを整備することが望ましい。

（5）PIPの設計、ガイドライン作成

社員の成果が継続的に低いケースにおいてはPIP（業績改善プログラム）を実施する。プログラムの設計および社員・マネージャー間のコミュニケーションガイドラインを作成する。

（6）経営人材タレントマネジメント施策の強化

ジョブ型雇用に変わると、これまで行われていたゼネラルローテーションはなくなり、異動・配置は本人の同意が原則となる（本人希望の社内公募・社内FA、会社起案の本人同意の異動）。その結果、個々人においては専門領域を追求するキャリア形成が主となり、従来のようにローテーションで経験を積み、そこで成果を上げた社員を次代の経営人材候補とすることが難しくなる。その帰結として、今後は将来の経営人材を計画的かつ早期に発掘・育成することの重要度がより増していく。それに伴い、タレントマネジメントの各種取り組み（サクセッションプラン、CDP、配置・育成、任用）の再整備も重要性が増す。

タレントマネジメントは、部門内での後継者育成・人材育成を目的としたものと全社の経営人材育成向けの取り組みとに分けられるが、全社はCOEが推進に当たっての主導的役割を担い、部門内タレントマネジメントはHRBP支援の下、各事業部門が主体となって実施することになる。共通ルールとしてのガイドラインを作成し、運用のためのITシステムの整備も併せて実施していくとよいだろう。

◢ COEの組織運営体制

メンバーシップ型雇用における人事組織は、人材フロー（採用、異動配置、

評価、処遇、育成）で発生するそれぞれの業務を効率的に実行するために、重複がないよう業務管掌範囲を定め、縦割りの業務別組織で設定されることが多い。

　一方、ジョブ型雇用においては、課題や取り組むべきテーマへの対応を優先した目的別組織に再編することになる[図表7]。

【再編の例】
- 異動、昇格、評価などの企画・業務運営を行っていた人事課は、社員のパフォーマンス最大化と優秀人材の育成施策を企画・立案するタレントマネジメントグループに、処遇に関連する制度企画の機能は、トータルリワードグループに再編
- 給与制度の企画・業務運営を行ってきた給与課、福利厚生制度の企画・業務運営を行ってきた福利厚生課は、社員に対して適正な水準で処遇し、優秀人材を金銭的観点から惹きつけ、動機づけを行うための報酬・福利厚生制度の策定を行うトータルリワードグループに再編
- 従来はシステム部門が人事システムの企画・導入・運用支援を行ってきたが、人事の知識を有した人材がテクノロジー面から各人事機能を支援するために、人事部門内のHRITグループとして再編
- 蓄積された組織・人事のデータを収集・分析し、COE各グループの施策立案やモニタリング実施の支援、当該分野における専門的ナレッジ蓄積の観点から、ピープルアナリティクスグループを新たに設置

　一方で、このような課題への対応を優先した組織体制においては、従来避けてきた組織間における業務重複が発生する可能性が高い。例えば、タレントマネジメントと人材開発においては人材育成の施策立案を行う点で重複することや、人材確保の観点からは、リクルーティングとタレントマネジメントで一部重複するところがある。したがって、組織間のコミュニケーションが極めて重要で、各機能が有機的に連携を図ることができるよう、業務運営を行うことが必要となる。

図表7 人事組織体制の変化

メンバーシップ型雇用における 人事組織体制の例	ジョブ型雇用における 人事組織体制の例
人事企画課 人事制度の企画、要員計画	**ワークフォースプラン** ワークフォースプラン策定とギャップに対する全体方針の策定（要員計画、ギャップ定義、方針立案）
採用課 新卒一括採用、中途採用（エージェント窓口対応）	**リクルーティング** 職種別採用（新卒・中途）の運営、母集団形成
人事課 異動、昇格、評価	**タレントマネジメント** パフォーマンスマネジメントに関する制度の設計、タレントマネジメントとキャリア自律促進施策の策定
給与課 給与制度設計、昇給・賞与の運用	**トータルリワード** 等級、報酬（給与・賞与・福利厚生）の制度設計
福利厚生課 福利厚生制度設計・運用	**人材開発／組織開発** 選抜研修、eラーニング等の育成プログラムの開発・運営 エンゲージメント向上施策の立案・実施
研修課 全社研修、階層別研修	**コミュニケーション** 社内コミュニケーション、組合対応、法令対応
労務課 組合対応、法令対応、就業問題対応	**HRIT** 人事関連のシステム企画
	ピープルアナリティクス 人事・組織に関するデータの収集・分析

中央人事
COE

人事部

部門人事
HRBP

事業部

人事グループ 現場人事対応（労務、評価、事業部内の配置政策等）	**HRBP** 現場人事業務への支援、助言、問題解決（要員、予算、評価、報酬、採用等）

オペレーション

シェアードサービス

人事給与業務課 給与計算、社会保険等の手続き等	**シェアードサービス** 給与計算、社会保険等の手続き等その他定型業務

4 HRBPの変革

1 変革の方向性

　HRBPは、事業部門の人材戦略立案と実行支援、それに必要な問題解決を
ミッションとする。これらは若干抽象的なところがあるため、以下四つの役
割を軸に活動の全体像について説明をしておきたい[図表8]。

> **①戦略的パートナーとしての活動**
>
> 　経営や事業マネジメントを支援対象とし、人事戦略の立案など、時間軸
> としては中長期の対応を行う。
>
> **②オペレーション管理者としての活動**
>
> 　人材マネジメントの各種施策の落とし込みや実行のサポート、目的に沿っ
> た形で各種制度・施策が運用されているのかモニタリングを行う。
>
> **③緊急対応者としての活動**
>
> 　日々発生する人事的な問題に対し、マネージャーを支援し、対処を行う。
>
> **④従業員の仲介者としての活動**
>
> 　組織内におけるコミュニケーションのハブ的役割を担い、コミュニケー
> ション上の問題を解決する。また、適切な組織へ伝達し、課題解決を促
> 進する。

　これまでは事業部門に権限が分散されておらず、HRBPが取り得る打ち手
が限定されていた。また、活動範囲も上記役割の②③④に限定されているこ
とが多く、効果的に貢献するのが難しい立場にあったが、今後、HRBPは人事
権を持つ事業部門を支援し、事業目標達成に向けての組織人事課題の解決に
寄与するという本来の役割（①戦略的パートナーとしての活動）を担うこと
になる。事業と人事の両方を理解していないといけない、重要で難しい業務
となるため、HRBPとしての役割の定義とケイパビリティ強化が必要となる。

2 戦略的パートナーへの役割転換

　HRBPは事業マネジメントを支援する戦略的パートナーとして、組織設計

図表8　HRBPの活動

①戦略的パートナーとしての活動	②オペレーション管理者としての活動	③緊急対応者としての活動	④従業員の仲介者としての活動
・戦略的目標に基づき組織を再設計する ・現状の人材ポートフォリオを把握し、ビジネス戦略を踏まえた人材ニーズを捉える ・人材ニーズの変化に人事戦略を適合させる ・人事課題・ニーズへの対応の優先順位を決める ・ビジネスに影響が出る前に問題察知する ・次世代のリーダーを育成する ・重要な人事指標を把握する	・経営・マネジメントのメッセージを従業員に伝達する ・人事制度・施策について従業員に説明・展開する ・評価・報酬・就業管理等の制度の運用実施状況をモニタリング、フォローする ・従業員の意見を収集し、経営・マネジメントに伝達、人材マネジメント施策に反映させる ・人事領域の取り組みについて継続的にアップデートする	・ラインマネージャーからの質問に迅速に答える ・苦情に素早く対応する ・従業員・マネージャーのニーズに応える ・通常と異なる状況に対して備える	・マネージャーと従業員間のコミュニケーションをフォローする ・組織で発生している諸問題を整理し、関連組織に伝達・対応する ・ビジネスプランの実行に伴う政治的な問題を解消する

や人材ポートフォリオに基づく人材ニーズの定義、事業の人材戦略の立案を行う。これらを行う前提として、全社の経営戦略・担当する事業部門の戦略、そこで行われているビジネスの内容・状況を理解し、現在の人材の状況を把握していることが求められる。

　過去、HRBPの機能は部門人事が担っていたが、前述のとおり事業の持つ権限の範囲や人事としての活動範囲が限定的であったことから、自部門の戦略と人材マネジメントとの整合性や連続性をそこまで意識せずとも、日々の業務を行うことができていた。

　しかし、今後は事業が取り得る打ち手の幅が広がることで、事業部門としての人材マネジメントがどうあるべきかを、自部門の文脈に即して新たに考えていくことになる。

　ここで重要なのは、経営戦略・事業戦略から紐解かれて組織・人事領域の打ち手を導出しているかという点である。このステップで打ち手の整理を行

うためには、HRBPは事業部門のマネジメントと直接コミュニケーションを取り、事業の戦略・方向性や彼ら・彼女らが持つ課題感を的確に把握しなくてはいけない。部門のマネジメント会議への参加や人事が主題となる定例的な会議体を設置するなど、事業運営への積極的な関与や能動的な働き掛けを行うことで、戦略的パートナーとしての信頼関係を築いていくことができるだろう。

③ 事業部門の人材マネジメント支援への役割・業務の見直し

　人材マネジメントの運営においては、事業部門のマネージャーが主体的な役割を担い、HRBPはマネージャーを支援する立場になり、それに即した役割・業務の再定義を行うことになる。HRBPがガイド・支援する主な対象業務は、[図表6]にあるものが挙げられるが、従来の部門人事と比較して役割・業務の変化が大きいものの例として、以下の点が挙げられる。

（1）異動・配置

　従来は、部門内のローテーション・異動案を部門人事が作成していたが、ジョブの定義に関するアドバイスや空きポジションに対する社内公募の実務サポートを行う。

（2）報酬

　従来は、評価結果に基づき昇給・賞与額を決定していたため、評価の相対調整に重きが置かれていたが、マネージャーが成果やリテンションリスク、市場価値を踏まえて報酬決定できるようアドバイスを行う。

（3）PIP

　PIPの対象者の選定、PIP実施に当たってのアドバイス、社員・マネージャー間のコミュニケーションのサポート、PIP実施後の措置（職務・配置変更、外部キャリア機会の提供など）の策定支援を行う。

　一方で、日本企業の事業部門においては、「人材マネジメントは人事の仕

事」と認識されていることが多く、前述のようなHRBPの役割にシフトすることが難しいことも想定される。したがって、人材マネジメントの主体が各部門のマネージャーに移ることに対するマインドセットの醸成やケイパビリティの向上を目的とした、チェンジマネジメント施策を行うことも変革を進める際には必要になるだろう。

◢ HRBPの組織運営体制

HRBPの組織運営体制を考える際には、HRBPが支援する対象により役割を分けることも一案だ。

- 事業マネジメントに対する支援（[図表8]に示した、①戦略的パートナーとしての活動）
- 現場マネージャー・従業員に対する支援（[図表8]に示した、②オペレーション管理者としての活動、③緊急対応者としての活動、④従業員の仲介者としての活動）

これらは、支援する対象だけでなく、取り扱う課題のレベルや業務内容も異なることから、それぞれが担う役割に集中できるようにする。[図表9]の人事組織モデルに示すように、事業部門のマネジメントを支援するHRBPと、社員・マネージャーを支援するHR Generalistに役割を分けることで、効果的な運営ができると思われる。

これに加え、従来は事業部門配属であったHRBPのレポートラインを、事業部門長からCHRO（Chief Human Resource Officer：最高人事責任者）に変更することも、組織体制の見直しにおける選択肢の一つである。

HRBPの浸透度が高い外資系企業においては、全社人事戦略との整合や一定程度の統制を図ること、事業マネジメントの戦略的パートナーとしての役割や立場を明確化することを目的とし、HRBPをCHRO直下機能としているケースも多く見られる。

このような取り組みはHRBPをより効果的なものとするための工夫であり、HRBP改革を検討する際の有用なオプションとなるだろう。

図表9　マネジメント・マネージャー・従業員を総合的に支援する人事組織モデル

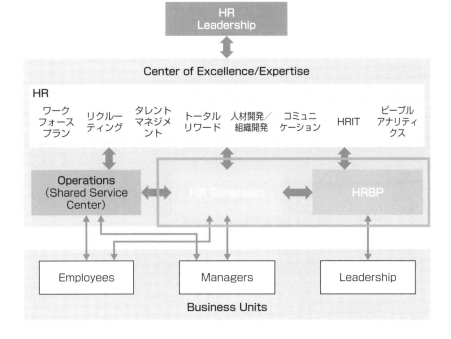

5　オペレーションの変革

■ 変革の方向性

　オペレーションにおいては、メンバーシップ型雇用・ジョブ型雇用のいずれのタイプでも本質的な役割や求められるケイパビリティの違いはない。

　一方で、これまでCOE・HRBPが受け持っていた定型業務をオペレーションに移管し、新たな役割に基づく本来業務に集中できるような環境を整える必要がある。その結果としてオペレーションが担当する業務範囲・業務量は増加するが、コスト増加にならないよう、効率性・生産性の向上に向けた改善活動を自律的に推進していくマインドセットが求められる。

② 業務範囲の拡大

　現状、COE・HRBPは、従来の本社人事部、部門人事の延長線上で組織化されていることも多く、結果として定型的な業務が多く残存し、本来期待されている役割を果たすための十分な時間が確保できていないケースが散見される。一方、ジョブ型雇用にシフトすることにより、HRBPを中心に、業務が高度化・複雑化し、業務量の増加が想定される。

　これらの状況を勘案し、各人事機能が受け持つ業務の棚卸しを行い、各機能の役割に応じて業務を再分配することが必要となる。オペレーションへ再配分する業務例としては、下記のものが挙げられる。

- ●採用に関わる事務的作業
- ●異動に関わるデータ登録
- ●各人事施策に関連する定型的なレポートの作成など

　業務範囲の見直しは、結果としてオペレーションの業務量増加を伴うものとなる。また、人材マネジメントの主体が事業部門に移ることで、従来よりも事業ごとの人材マネジメント運用における個別性が高まり、それによる業務の複雑化、その結果としての業務量増加も想定される。

　一方、オペレーションには、業務運営において、現状の従業員サービスレベルを（極力）低下させずに、コスト面で効率的であること、かつ正確であることが求められる。

　この相反することを実現するためには、オペレーションが主体的に人事部門の業務プロセスを"標準化"するという視点から、全社の人事オペレーションの見直しに関する提案を行い、複雑化していく人事業務の合理化・改善を継続的に行っていくことも必要になるだろう。

③ 業務処理からサービス提供への機能転換

　これまでの人事部門は、全社視点での施策・制度を企画・運用し、オペレーションはそこで発生する定型業務を受け持つ機能とされてきた。

　ところが、ジョブ型雇用にシフトすることで人材流動性が高まり、必要な人材を維持するためには、個々の社員に着目した、「エンプロイー・エクスペ

リエンス」（従業員経験）という観点からの取り組みの重要性が増してきている。

　オペレーションは日々の業務において社員との接点が多い機能であることから、より良い人事サービスを提供し、個々の社員がより快適に日々の業務を行えるよう、オペレーション機能の見直しやサービス拡充、環境整備を行うことが望ましい。

【オペレーションが主導する施策例】

- 社員が行う各種手続き業務をワンストップ化・オートメーション化し、利便性を向上
- 人事部の各部署やオペレーション組織に分散していた社員・マネージャーからの問い合わせ窓口の集約
- 福利厚生等の従業員を支援する仕組みをライフステージに合わせて利用しやすくするための、利用者視点でのメニュー体系の再整理
- 職場をより働きやすい環境にし、かつ柔軟な働き方を実現するための、ルールや設備の整備

❹ COE・HRBPに対する支援機能の拡張

　人事業務のデジタル化対応が進み、組織・人材に関わるデータが蓄積されることで、COE、HRBPの各機能においても、レポート作成などデータを活用した業務が増加している。

　オペレーションは、COE・HRBPよりも業務遂行においてHRITとの接点が多いことから、集計レポートやKPI定点観測など、初期的なデータ分析関連業務をオペレーション業務と位置づけ、COE・HRBPに対する支援サービスとして提供することが考えられる（ITリテラシーの観点からもオペレーションが当該機能を保持することが望ましい）。

❺ オペレーション組織運営体制

　オペレーションの組織運営体制は、業務運営の効率性や正確性を重視した、

シェアードサービスセンター的位置づけの業務組織を設置することになる（BPOやアウトソースなど、外部へ切り出しする選択肢もある）。

　これは従前と大きく変わるものではないが、オペレーション組織内部の体制は、サービス提供に力点を置いた体制に変化させていくことになり、組織内の役割は下記の四つに分類される[図表10]。

①業務管理・改革支援：シェアードサービス業務管理・品質管理、人事部門の業務改革の実行支援
②人事・給与業務：人事・給与・福利厚生などの業務運営
③従業員サービス：社員・マネージャーからの問い合わせ等のサービス窓口
④人事機能支援：レポート作成などデータ活用を中心としたCOE・HRBPの業務支援

図表10　シェアードサービス組織モデル例

シェアードサービス			
業務管理・改革支援	人事・給与業務	従業員サービス	人事機能支援（レポート作成などデータ活用中心）
・シェアードサービス業務管理 ・品質管理 ・業務プロセス改善 ・改革におけるプロジェクト管理、コミュニケーション、チェンジマネジメント	・人事管理におけるデータ登録作業 ・給与計算 ・福利厚生プログラム管理	・社員・マネージャーからの問い合わせ受付・回答 ・問い合わせ内容に応じた他組織への連携 ・問い合わせケース管理	・データ分析 ・人事KPI定点観測 ・COE・HRBPに対する定型的なレポート作成支援

社員・マネージャー　　COE・HRBP

6 HRITの変革

■ 変革の方向性

HRITは、各種人材マネジメントの取り組みを、より効率的かつ効果的に実行することを支援するための仕組みであり、ジョブ型雇用の新たな人材マネジメントに適合した機能を提供していくことが求められる。

② 人事機能、社員サービスに適した全体システム構成の見直し

HRITの領域においては、近年のテクノロジーの発展やHR Techベンチャーの登場により、以前から存在するシステム以外にも、さまざまなITサービスが利用可能となってきている。

こういった中で、ジョブ型雇用に人材マネジメントが変わり、それによって各人事機能の役割・体制も変わってくることを踏まえ、システムの全体構成を個々の施策や業務領域ごとに最適なものへと見直すことが望ましい。例えば、以下のようなものが考えられる。

- 自社人材マネジメントとの適合性や機能の充実を重視：人事管理・タレントマネジメントシステム
- コスト最適化：給与計算システム、勤怠管理システム
- 機能強化・充実：従業員・マネージャーセルフサービス

近年では、複数のITシステム・サービスを統合する基盤・ポータルとして、HRサービスデリバリーという新しい仕組みも利用可能となっており、これらを最大限活用していくことで、統一感のある仕組みを構築することができる。

③ ジョブ型人材マネジメントに適合したITシステムの導入

ジョブ型雇用は、欧米企業で以前から採用されている人材マネジメントモデルであり、そのモデルを前提として作られている海外製のパッケージ製品を活用することが、ITシステムの対応として有力な選択肢になると考えられる。

過去、日本企業は海外製ERP（Enterprise Resource Planning：統合基幹

業務システム）の導入を推進してきたが、カスタマイズ・アドオンが頻発し、コスト過多になるケースが多発していた。その後、この反省から"ベストプラクティス適用""標準化"というキャッチフレーズの下、徹底的にERPの標準機能に準拠し、そこで対応できないもの——例えば、採用・定期異動などの一括処理ができない、自社の昇給・賞与の計算ルールが実装できない、異動オペレーションをマネージャーには任せられないといったケースでは、人事部が手作業を行うなどシステム開発コストを人件費に転嫁する措置を取ってきた。

この根本的な理由は、ジョブ型人材マネジメントを前提とした海外ERP製品が、多くの日本企業が採用しているメンバーシップ型人材マネジメントと相性が悪いことに起因している。

今後、自社の人事制度・施策がジョブ型人材マネジメントに変わることで、ERP製品（近年はHRクラウド）が想定するコンセプトや施策に整合しやすくなる。つまり、ベストプラクティスに準拠したHRITの改革が推進しやすくなると考えられる。

7 人事機能改革実現に向けての要諦

ここまで、ジョブ型雇用の実現を見据えた人事機能改革の方向性について述べてきたが、一連の改革を実現する上では、ジョブ型雇用の文脈に即した人事機能や役割の再定義に加え、人材マネジメント運営の基礎となる事業部門への人事権の委譲と、新たな役割を担う人事パーソンの育成が不可欠だ。

■ 事業部門への人事権の委譲

ビジネス（事業部門）へ人事権が大幅に委譲されている必要がある。これは、今後ジョブ型雇用実現に向けた変革を推進される企業にとっては非常に重要な点となるため、詳細に解説しておきたい。まずは、人事権とは何かについて説明する。

　一般的な定義としては、憲法が保障する労働三権（団結権、団体交渉権、団体行動権）に対し、経営者の専決事項とすることができるとされる経営三権（業務命令権、人事権、施設管理権）の一つとされ、会社の人事（採用、異動・配置、評価、昇給・賞与、昇格、休職、解雇など）に関し、法に定められる規制の範囲内で決定することができるというものだ。

　本来的には、このような人事権に関わる事項については、雇用契約書に記載されるべきものであるが、これまでは、職務内容や勤務場所などの事項が具体的に契約書に記載されることがあまりなかったこともあり、労働者が使用者（経営者）の人事権を承諾しているものとして、企業に幅広い人事裁量権が認められていると考えられてきた。

　また、従来メンバーシップ型雇用を採ってきた日本企業では、一度採用したら定年まで長期間雇用するという考え方であることから、長期スパンでの人材マネジメントをコントロールしやすいよう、人事部が中央で強い人事権を保持していた。

　新卒採用で新規入社した人材を、人事部の裁量（事業部門からの増員要望に基づく）で配置決定し、その後の配置は数年ごとのローテーションで変更する。また、昇給・賞与はそれぞれの部門で行われる評価に基づき決定するものの、制度に規定される固定的なルールで運用され、最終決定は人事部にて行うというものである。また、転勤や出向など、居住地や勤務する会社の変更についても人事が決定し、辞令が出るとそれに従わなくてはいけないというのは、まさに人事部が強い人事権を保持する典型例といえる。

　一方、筆者は職業柄、さまざまな企業の方と接する機会があるが、「わが社では、人事権は事業部門が持っている」とする企業が多い。果たして、日本企業においては人事権が事業部門にあるといえるのであろうか。

　多くの日本企業において事業部門が持つ人事権とは、自部門に所属する人材を、需給に応じて部門内で配置転換させていることを指すことが多く、その他については中央人事の定めたルール・コントロール下で決定されるという、限定的なものだと思われる。対比すると、[図表11]のようになる。

　ジョブ型雇用においては、人事はビジネス目標達成を最優先に考えて決定

図表11　人件費の対比

	メンバーシップ型雇用	ジョブ型雇用
新卒採用	【主：中央人事】 全社要員計画に基づき、新卒社員を一括採用。配属は、人事部が事業部門の要員需給・適性に応じて配分	【主：事業部門、支援：中央人事】 事業部門の要員計画に基づく職種別採用。総枠のコントロールや手続きは中央人事がとりまとめるものの、採用選考・決定は事業部門にて実施
中途採用	【主：事業部門、支援：中央人事】 中途採用は事業部門の要望に応じて外部から募集。選考は事業部門側で実施。報酬などの就業条件は中央人事が決定	【主：事業部門、支援：中央人事】 事業部門がポジションのミッション・要件・条件を定義し、COEを通し外部から募集。COEは制度に基づく一定のコントロールはするものの、報酬などの就業条件は事業部門側で柔軟に調整
異動・配置	【主：事業部門、中央人事】 自部門の中では事業部門の裁量で配置。部門間の異動や一定階層以上の配置は中央人事が決定	【主：事業部門（社員）、支援：中央人事】 社員起点の社内公募、もしくは事業起点の本人同意による異動が中心となる。公募ポジションの定義・選考は事業部門側で実施（人事は手続き支援）。サクセッションプランの対象となる一部人材については経営が主体となり、異動・配置をコントロールする（COEが実務を実施）
パフォーマンスマネジメント（評価）	【主：事業部門、中央人事】 全社ルールにのっとり評価。上司が評価するものの、客観的な説明がしやすいよう評点をつけた上で、人事が決めた厳格な評価分布に沿って相対化。低評価の場合は、ルールに従い降格・降給を実施	【主：事業部門、支援：中央人事】 目標と達成状況の確認、それを踏まえた育成観点でのフィードバックを上司・部下間で実施。ローパフォーマーに対してはPIPを上司・部下間で実施し、人事はマネージャー・社員のプログラム実施を支援
処遇	【主：中央人事】 評価により昇給・賞与が決定されるルールを規定。評価分布による原資コントロールを実施	【主：事業部門（一部は中央人事）】 COEが昇給・賞与ファンドを設定し、マネージャーがガイドライン（人事が規定）に準じて配分・決定

することになるため、採用も異動も昇格も昇給・賞与も、一定の裁量を事業部門に委譲し、その中で柔軟に運営することになる。つまり、各事業の個別最適を優先した人事権の行使＝人材マネジメント運営を行うことになる。

　一方で、企業としては、個別最適だけでなく、ガバナンスの観点から、全体最適を図ることも必要となる。それでは、個別最適を志向する中で、どのように全体最適を図るのか。ここでポイントとなるのは、予算管理である。

　予算管理とは、事業計画に基づく要員計画、それと連動する人件費計画の策定と実績管理である。事業部門がこれを事業計画で策定し、経営とコミットし、その予算の枠の中で、必要な人材を確保し、目標達成に必要な人材を処遇する。つまり、全体最適は予算策定プロセスとそれに基づく予算執行で担保していくということだ。

　この統制がない中で事業部門に大幅な人事権の裁量を委譲した場合、人材マネジメントの総合的な成否は、事業マネジメントを行う人材に依存することになり、ジョブ型雇用を導入しようとする企業で懸念されている人件費の高騰を招く結果となりかねない。

　ここまでの内容を要約すると、ジョブ型雇用においては、

● 人材マネジメントの大きな考え方（方針やガイドライン）、ファンド管理において中央人事（COE）のガバナンスがかかる
● これらに基づく人事運用・決定は事業部門の裁量で行う

と整理できる。メンバーシップ型雇用の下で、中央人事が個人の処遇まで幅広い範囲で決定していた仕組み・運用との違いは明確である。

　上記の違いに立脚し、ビジネスへの人事権委譲に加え、予算管理の仕組みを強化するという両面からの見直しが必要になることを念頭に置き、ジョブ型雇用の実現に向けた改革を進めていただきたい。

❷ 新たな人事機能で求められる人事パーソンのケイパビリティ向上

　人事機能で求められるケイパビリティについては、大きく転換を図る部分と現状からのレベルアップを図る部分に大別される。

　以下、各機能別に解説していきたい。

(1)COE

COEは、中央人事が担っていた役割から、人事制度や施策の立案に特化することになる。したがって、人材マネジメントに関する知見の深掘りやベストプラクティスの集積を行うことで、より効果的な施策立案を行えるようにすることが必要となる。上記に加え、COE内にピープルアナリティクス組織を設置する場合は、新たなケイパビリティを持つ人材の獲得が必要となる。ピープルアナリティクスの専門家は希少であり、また、ナレッジの蓄積を進めたいということもあり、一部署設定し、集中配置するような組織形態が欧米多国籍企業では採られていることが多い。また、ピープルアナリティクス専門家の採用は難しいので、デジタルマーケティングの専門家を雇うことも一案である。ピープルアナリティクスの専門家は、COE分野ごとの問題解決にはプロジェクト形式でそれぞれ参加する。

(2)HRBP

HRBPは、担当する事業部門の組織人事課題を定義し、その解決策として立案された人材マネジメント施策を展開する重要な役割を担うことから、担当部門の事業内容に関する知識、課題解決能力やコミュニケーション能力が重視される。一方で、これまで部門人事が行ってきた労務関連の業務は存続することから、人事・労務に関する幅広い知識も必要とされ、バランスの取れた人材の育成も必要だ。

HRBPに求められるスキル・コンピテンシーは、保有する役割により一部異なることも想定されるが、一般的には次のようなものが考えられる。

①マーケットアウェアネス

　競合他社の情報および市場動向を常に最新の状態で把握している。組織のビジネス機会を認識し、人事プログラム・プラクティスを市場条件の変化に適合させている

②コマーシャルシンキング

　ビジネスおよび財務上の要因が、組織や顧客への価値提供にどのように

寄与しているかを理解している

③パートナーとしての信頼性

知識豊富で信頼できるパートナーとして経営陣から認知を獲得し、人的資源に関する意思決定に影響を及ぼしている

④交渉、コンセンサスビルディング

折衝において、合意に達するように他者に働き掛け、共通の目標を達成している

⑤ソリューション実現

ソートリーダーシップおよびプロフェッショナルとしての卓越性を発揮して、クライアントやステークホルダーにサービスを行っている

⑥データ解釈

情報の関連性とパターンを捉え、人事領域全般およびビジネス戦略に資する示唆を見いだしている

なお、これらのスキル・コンピテンシーすべてを高いレベルで網羅的に持つ人材は市場でも極めて稀有な存在であろう。したがって、最初から完璧なHRBPを求めるのではなく、人選を行う際に、スキル・コンピテンシーに照らして適性のある人材を選定し、個々人の特性を活かしつつ全体的なスキルの底上げを企図した育成プログラムを継続的に行うことが重要である。

（3）オペレーション

オペレーションが担う業務遂行という役割そのものは従来と変わらないため、一義的には業務の正確性の向上に取り組むことが必要となる。

これに加え、増加する業務量を効率的に遂行するために継続的な業務改善も必要となることから、定型業務として定められたことを実行するだけでなく、効率性や生産性を意識するような改善マインドを醸成することを企図した組織活動やコミュニケーションを行うことも有用と思われる。

8 まとめ

　新たな人材マネジメントの在り方として、ジョブ型雇用というトレンドが生まれつつある。ジョブ型雇用への変革は、人事制度・ルールだけでなく、その基となる企業文化や理念、関係する人々の権限や役割に至る統合的なHR Transformation（人事機能変革）である。そのためには、次の三つの点を肝に銘じておくべきだろう。

- 昨今の経営環境の変化から、戦略との連動性が高く、変化に強いジョブ型雇用への変革は有効であり、徐々にシフトしていくことが想定される
- ジョブ型雇用は、人材マネジメントのエコシステムの変革であり、制度・ルールだけでなく、これに適応した人事部門組織の機能・役割の見直しも必要となる
- 上記に加え、メンバーシップ型雇用を前提としたマインドセット・スキルセットから、経営、マネージャー、社員の三つの視点からの全社的なチェンジマネジメントも重要となる

白井正人 しらい まさと

マーサー ジャパン株式会社
取締役 執行役員

早稲田大学理工学部卒業、オランダ ロッテルダム・スクール・オブ・マネジメント（MBA）修了。組織・人事領域を中心に、マネジメントコンサルティングサービスを約30年にわたり提供。組織設計、要員計画、人事制度設計、役員報酬制度設計等、さまざまなプロジェクトをリードする。雇用の在り方、ジョブ型雇用、役員報酬等に関し、テレビや新聞での解説、専門誌への寄稿を行う。

磯部浩也 いそべ ひろなり

マーサー ジャパン株式会社
組織・人事変革コンサルティング デジタルプラクティス リーダー

製造、製薬、運輸、金融、サービス等、大手企業に対するグローバル要員・人件費計画策定、人材マネジメント・人事制度改定、タレントマネジメント、企業統合時の人事制度・オペレーション統合、組織・オペレーション改革のコンサルティングに従事。大規模・複雑なプロジェクトのマネジメント経験多数。

会社概要

本社 東京都港区赤坂９−７−１ ミッドタウン・タワー

資本金 ４億8800万円

従業員数 233人

事業概要 マーサーは、組織・人事、福利厚生、年金、資産運用分野におけるサービスを提供するグローバル・コンサルティング・ファームである。全世界約２万5000人のスタッフが130カ国にわたるクライアント企業に対し最適なソリューションを総合的に提供している。日本では、40年以上の豊富な実績とグローバル・ネットワークを活かし、組織変革、人事制度構築、福利厚生・退職給付制度構築、Ｍ＆Ａアドバイザリー・サービス、グローバル人材マネジメント基盤構築など、「人・組織」を基盤とした幅広いコンサルティング・サービスを提供している。

https://www.mercer.co.jp/

三菱UFJリサーチ&コンサルティング株式会社

経営と従業員の満足度を最大化する
"両利き"の人事部への進化
次の10年、人事機能バージョンアップのための着眼点

小川昌俊
組織人事ビジネスユニット プリンシパル

古川琢郎
組織人事ビジネスユニット シニアマネージャー

田中健治
マーケティング&DX企画室 コンサルタント

1 はじめに〜次の10年における企業環境の変化〜

　人事部の未来を考える上で、まず企業の次の10年を検討したい。テクノロジーの進展やデジタルトランスフォーメーションを通じ、製品ライフサイクルが短縮化、主流のビジネスモデルは製品売り切り型（アップグレード型）からアップデート型へ変化し、業際の曖昧化は現在進行形で進展している。"GAFA"（グーグル、アップル、フェイスブック、アマゾンという国際的な巨大IT企業4社）をはじめとしたプラットフォーマーは、既に単なるサービス提供主体ではなく社会インフラ化しており、都市のスマートシティ化や新型コロナウイルス感染症（COVID-19）に端を発するオンライン化等との相乗効果によって、これら企業の守備範囲は次の10年でさらに拡張するものと想定される。また、多くのスタートアップ企業が、小規模ながらもイノベーティブなアイデアやテクノロジーを軸に大きな影響力を持ち、既存企業と伍する存在へと変貌している。

　このような流れの中で、企業はプラットフォーマーや複数の機能・ソリューションを統合する"大きな企業"と、単一機能ではあるがテクノロジーやビジネスモデルのレバレッジによってパワーを持つ"小さな企業"に大別されていくと推察される[図表1]。代表的な日本の製造業を想像すると分かるとおり、個別機能（製品）を強みにする企業が多く、あまり越境はしてこなかった。故に、特に"大きな企業"的な日本企業の場合、業界横断的にプラットフォーマーやソリューション提供者になるのか、プラットフォーマーに寄り添い、統合的に個別機能を提供し続けるのかという大きな戦略の転換点にあるといえる。

2 企業と従業員の関係性の変化〜労働環境の変化〜

　前述したような企業環境において、企業と従業員の関係性はどうなるだろうか。

図表1　これからの業界構造と労働環境の変化

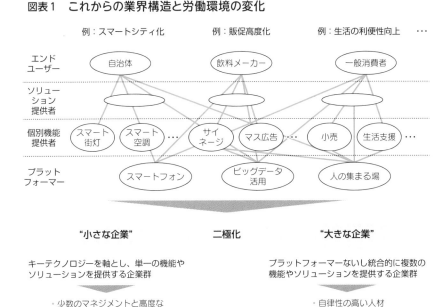

資料出所：三菱UFJリサーチ＆コンサルティング作成（以下同じ）

　まず、"小さな企業"はその名のとおり小規模でありながら、テクノロジーや高度な専門性を強みとして機動的に活動するため、少数のマネジメントと内外のプロフェッショナルによるチーム組成が想定される。これらの多くは短期やパーシャル（部分的）での契約形式となるだろう。一方、"大きな企業"は、前述の戦略の転換点においてどちらを選択するにせよ、その領域の広さを維持するべく、外的変化が常態化する中でも持続的にイノベーションを起こし続けざるを得ない。そのため、いかなる外的変化に対しても最適な戦略を構築できる状況をつくり出すべく、自律性が高くかつ多様性に富んだ人材を内部で確保・育成する必要がある。もちろん、戦略の方向性としてどちらを選択するかにより多様性の幅や種類は変わってくる[図表1]。

　また、人材マネジメントを巡る環境変化として見逃せないポイントに、人的資本の定量化への対応が挙げられる。「ISO30414」（後述）をはじめ、テク

ノロジーの進歩と浸透、働き方の多様化を踏まえ、人材・人的資本の価値について定量化・可視化し、情報開示していく潮流が一段と強まっている。

これらを踏まえるに、さまざまな形態の従業員や内外関係者の強みや専門性および多様なニーズに対応する形で人事サービスを提供することが肝要となる。具体的な取り組みとして、①人材マネジメントのパーソナライズ、②自律した多様な人材の確保・育成、③データ活用基盤構築——という三つの視点から、これからの人事部の在り方を提示していく。

3 [取り組み1]人材マネジメントのパーソナライズ

これからの環境変化を受けて、人事部が行うべき具体的な取り組みの一つ目に「人材マネジメントのパーソナライズ」がある。パーソナライズとはマーケティングで用いられる考えであり、「顧客に同一サービスを提供するのではなく、個人ごとの属性や各種履歴に基づいた最適なサービスを提供すること」を意味する。

人材マネジメントのパーソナライズとは、従来の「年次管理」「階層管理」といった画一的な昇格管理、異動配置管理、研修実施などから、従業員一人ひとりに対して個別最適な人材マネジメントを実施していくことを意味している。

■ パーソナライズの必要性

これまでの人材マネジメントの取り組みの前提には、「従業員は入社した会社で定年まで勤め上げる」ことがあった。階層別研修やジョブローテーションによるゼネラリスト的な人材育成、長期勤続が有利な退職給付制度などは、この前提に基づく主要な施策・制度といえる。

したがって、人材マネジメントに求められることは、会社としての統一感があり、かつ自社らしさという"ユニークさ"を持つことであった。人事制度や採用・異動配置・人材育成などの施策はそれらの思想に基づいて構築さ

れ、現場のマネジャーには自社らしさの浸透・徹底を求めていた。このような環境下では、自社で設定した求める人材像にかなう人材の「確保・育成」が必要になる。自社内のルールに最適化した人材を採用・評価・育成することを目指すため、人材マネジメントも仕組み化することが有益となる。このような企業の人事部においては、外部の人からの「○○さんは御社の歴代のエース社員と同じようなタイプの方ですね」といった言葉は褒め言葉であり、社風や自社らしさを体現する人材を数多く採用・育成することが人事部の使命だったともいえるだろう。

しかしながら、今後は前述のような環境変化が進み、前提が大きく変わることになる。"働く人"（企業が直接雇用する従業員だけでなく、業務委託等で働く人も含む）の価値観は多様化し、「副業・兼業なども含め複数の企業で働く」といった、会社に縛られない働き方を志向する人材が増えてくると考える。また、新型コロナウイルス感染防止のために一気に普及したテレワークのように、働く場所の選択肢も増えてきている。事業所以外に自宅、サテライトオフィスなどから最適な場所を選ぶことができるようになった。これはテクノロジーが進化することで実現できたことといえる。

これを当社では、人材マネジメントの変遷として「働き手の就労観の変化」と「テクノロジーの進化による働く環境の変化」の2軸で整理し、1.0→2.0→3.0と段階的に変遷するものと定義している[図表2]。

工場や小売業・サービス業など特定の場所での就労（役務提供）を必要とする職種もあり、そのような職種に従事する人材は、これまでの1.0を就労の前提とし続けるが、それ以外の人材は2.0、3.0を前提とする比率が増していく。そのため、今後の人材マネジメントは、そのような人材に向けた対応が必要になる。特に3.0を就労の前提とする人材は、「自分の価値観に合う会社・職場で、自分の働きやすいルールでの就労」を強く希望すると想定され、画一的な人事制度やルールでは管理ができず、個々人にとって最適な管理＝パーソナライズした人材マネジメントが求められるようになる。

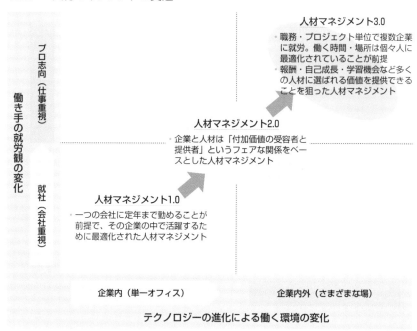

図表2　人材マネジメントの変遷

人材マネジメント3.0
・職務・プロジェクト単位で複数企業に就労。働く時間・場所は個々人に最適化されていることが前提
・報酬・自己成長・学習機会など多くの人材に選ばれる価値を提供できることを狙った人材マネジメント

人材マネジメント2.0
・企業と人材は「付加価値の受容者と提供者」というフェアな関係をベースとした人材マネジメント

人材マネジメント1.0
・一つの会社に定年まで勤めることが前提で、その企業の中で活躍するために最適化された人材マネジメント

プロ志向（仕事重視）

就社（会社重視）

働き手の就労観の変化

企業内（単一オフィス）　　　企業内外（さまざまな場）

テクノロジーの進化による働く環境の変化

❷ マーケティングの考えを取り込んだ人材マネジメント

　人材マネジメントのパーソナライズを実現するための考え方として、最も効果的な取り組みが「マーケティングの考えを人材マネジメントに取り込むこと」だろう。前述のようにパーソナライズ自体がマーケティングの考えだが、「人の行動を変容させる／促すことを突き詰める」ことは共通しており、人事分野にも適用できるものが多い。

　例えば「CRM：Customer Relationship Management」（顧客関係管理）とは、顧客を中心に事業戦略やビジネスプロセスを考えていくもので、既存顧客だけでなく、新規の見込み顧客までも含めてデータベース化し、顧客データを分析して一定の示唆を見いだした上で、戦略立案や実際の施策に落とし込むことをいう。

　これを人材マネジメントに当てはめるとどうなるか。

- 既存の従業員だけでなく、これから自社に入社、あるいは副業・兼業や業務委託などで参加してもらえる可能性がある人材プールをきちんと確保しておく（何らかの事情で退職しているOB・OG、いわゆるアルムナイ〔企業を離職・退職した人の集まり〕も有力な対象となる）
- 従業員や人材プールの志向性、価値観、経験やスキルなどを分析し、自社で働いてもらうために何が必要なのかを分析する
- 必要な要素を充足するための人事施策を検討・実施し、その効果を測定して改善する

——といった取り組みになるだろう。もちろん、CRM以外でもペルソナマーケティングを活用したキャリアモデル構築、製品の印象評価に利用されるSD法（Semantic Differential Method）を応用したエンゲージメントサーベイなど、人材マネジメントに活用できる考え方は数多くある。

③ パーソナライズに基づく人事施策

このような考えを突き詰めると、従業員や自社で働く人材に対して提供すべき人事施策の種類やバリエーションには無数のパターンが考えられ、カスタマイズされた人事施策を提供することになる。画一的な人事管理から一人ひとりに最適な人事施策（働き方、処遇、就労条件、福利厚生など）を提供できる体制への転換が必須の要件になるといえる[図表3]。

④ パーソナライズの実践例

ここでは、人材マネジメントにおいてパーソナライズの取り組みを推進している事例を紹介したい。

創業100年を超えるＡ社は業界トップクラスの知名度を生かし、人材の採用はうまくいっていた。しかし入社後の人材育成がうまく進んでいないという問題意識をきっかけに、パーソナライズの取り組みを推進した。人材マネジメント全般からではなく、まずは人材育成にフォーカスして検討を進めることで着実な浸透を図った。具体的に行った取り組みは、次の3点となる。

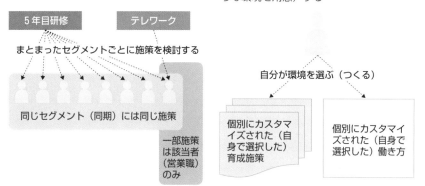

**パーソナライズされる前の
人事施策の展開イメージ**

従業員をセグメント分けし、セグメントごとにマスの施策を提供する

**パーソナライズされた後の
人事施策の展開イメージ**

個々の従業員のニーズや置かれた状況を踏まえ、適切な施策を提供（自身で選べるような環境を用意）する

5年目研修　　テレワーク

まとまったセグメントごとに施策を検討する

同じセグメント（同期）には同じ施策

一部施策は該当者（営業職）のみ

自分が環境を選ぶ（つくる）

個別にカスタマイズされた（自身で選択した）育成施策

個別にカスタマイズされた（自身で選択した）働き方

①人材育成のプラットフォーム構築

②多様なニーズに応えるための豊富な選択肢の用意

③従業員向けの意識変革を促す啓発

　まず着手したのは、人材育成のパーソナライズを支える、A社としての「①人材育成のプラットフォーム構築」だ。パーソナライズといってもすべてを一人ひとり向けにゼロから考えてカスタマイズすることは現実的ではない。会社としての人材育成（従業員視点で言い換えると自己成長）の考え方やアプローチを整理したプラットフォームを構築し、その中の個別施策でパーソナライズすることが効果的となる。パソコンやスマートフォンにおける、OSとアプリケーションの関係性に近い。同じスマートフォンを持っていても、インストールするアプリケーションは一人ひとり異なることに似ている。A社の場合はPDCAサイクルをベースにした仕組みとすることで、螺旋状に継続して育成、成長することを促すプラットフォームを構築した[図表4]。

　続く「②多様なニーズに応えるための豊富な選択肢の用意」では、上述の

図表4　人材育成のプラットフォーム（全体像と必要な仕組み・ツール）

人材育成のPDCA	前提	P	D		C		A
人材育成に必要な取り組み	求める人材要件		人材開発		選抜		
			育成	異動・配置	評価・測定	選出	
	自社で育成すべき人材像の明確化と取り組みに関する説明	個人別の人材育成計画立案	計画に基づく取り組み推進	計画に基づく異動・配置	多面的に人材の能力・実績・適性などを評価	基準に基づく選出	育成（成長）に向けた直近のP・Dの振り返り（面談）
番号	1	2	3	4	5	6	7

現場での運営に必要な仕組み・ツール等

前提	P	D 育成	D 異動・配置	C 評価・測定	C 選出	A
1-1 能力基準（汎用）	2-1 育成計画フォーマット	3-1 選抜人材向け育成プログラム	4-1 求められる経験職種・業務	5-1 能力基準判定用シート	6-1 選抜人材選出基準	7-1 フィードバック面談ガイド
1-2 能力基準（職種別）	2-2／3-2 研修・自己啓発カタログ（年間の研修計画）		4-2 ジョブローテーション	5-3 選抜人材向けアセスメント	6-2 選抜人材選出手法	7-2 選抜人材向けフィードバック面談ガイド
1-3 本取り組みの説明資料	2-3／3-3 OJTガイドライン			5-3 人事評価		7-3 キャリア面談

経営・人事部門が使用する仕組み・ツール

2-4／3-4 上司向け人材育成に関する説明・研修

5-4 組織別アセスメントシート
5-5 個人別アセスメントシート
※5-4・5-5に付随して能力判定データベース作成も実施

必要なアウトプット

凡例：
□ 共通の仕組み・ルール
選抜人材向け仕組み・ルール
他の人事施策

アプリケーションに相当するコンテンツに多くの選択肢を用意した。例えば、「研修・自己啓発カタログ」を作成することで、従業員自身が目指すキャリアに応じて最適なコンテンツを能動的に選択し、受講できるようにした。複数の研修ベンダーとも連携し、100を超えるメニューを用意し、従業員は人事部門が作成した〝人材育成ツールの使い方〟といった手引を用いて、研修・自己啓発カタログから最適なコンテンツを選ぶことができる。また、中長期での自身のキャリアを考える場も設け、いわゆる〝手挙げ〟型の異動や出向の希望も出せるなど、自社に閉じない選択肢を用意した。

最後の「③従業員向けの意識変革を促す啓発」では、このような大胆な変化に対して従業員が適切にキャッチアップできるよう、さまざまな啓発活動を数年間にわたり繰り返し行った。導入時は全従業員向けの説明会とともに、部下の成長を支援する立場の上司向けに、プラットフォームを活用した育成の仕方に関する研修も行った。また、この仕組みを運用していく中で蓄積された成功事例を社内向けの事例集にしたり、象徴的な多様なエピソードを10分程度の動画にまとめて配信したりと、パーソナライズの仕組みの活用を促すサポートを、数年間かけて行うことで定着させた。

このような取り組みを行うことで、会社としての人材育成のPDCAサイクルも好転している。従業員全体を見て、育成の進捗（しんちょく）が芳しくない項目を特定し、その項目の底上げ施策を矢継ぎ早に打つなど、機動的な対応にもつながっている。

4 ［取り組み2］自律した多様な人材の確保・育成

激しい外的環境変化が常態化する中で、特に〝大きな企業〟が持続的に存続していくには、常にその変化に適応していかなければならない。二つ目の取り組みとして、あらゆる変化に適応するため、「多様」な人材が変化に「自律」的に対応し、状況に応じた最適な方針を提示できる組織・状況をつくる必要がある。

「多様」な人材がいるということは、いわば変化への対案を持っておくことである。ここでの「多様」は属性だけでなく、価値観やスキルの「多様」も

含む。不確実な状況であるため、何が起こってもその変化に対応可能な状態にしておくことが必須となる。

また、「自律」的に動ける人材がいることは、変化への対応スピードを高めることにつながることから重視される。人材の自律性を高めることで、経営や上司の指示を待って行動するのではなく、状況に応じて主体的に判断・問題解決できるようになり、変化への対応速度も向上する。当然、適所適材の人材配置がなされており、実力・実績のある人材に権限が委譲されて、相互の信頼関係があること（個人が好き勝手に振る舞う状況とは異なること）が前提となる。

多様な人材を確保し、それぞれの就労ニーズに応えていく方法には、前述の人材マネジメントのパーソナライズが当てはまる。そのため、ここでは、いかに自律的な人材を確保・育成するかについて焦点を当てる。

■1 自律した人材の確保・育成方法

自律した人材を確保・育成する上で重要となるのは、「人材の自律度の把握」と「自律度に応じた、自律を促す取り組みの実施」である。

既に自律的に行動し、成果を上げている人材は、一定数存在するはずである。自律度を測定する自社独自の指標を定義することで、このような人材を適切に把握することから始めたい。人事評価の発揮行動評価や外部機関実施の人材アセスメントなどの結果が利用できれば、スピード感を持って対応できる。そして、このような人材の行動をさらに促進するべく、より魅力的な機会・処遇を提供することも求められる。

一方で、自律度が基準に満たない人材には、自律を促す取り組みが必要となる。具体的には、人材の“やりたい”を刺激し、“できる”を増やすことである。“やりたい”を見つけるためには、人材の志向性や適性に合わせた配置転換や外部派遣、社内インフルエンサーとの交流会等により、自分の価値観や判断基準を言語化・認知してもらうことが有効だろう。ただし、“やりたい”を明確化するだけでは十分ではない。自律の前提となる、「職場で期待されている業務」にやりがいをもって取り組み、期待された成果を生み出す実力を身につけるためのサポートが求められる。これらは多くの企業で人材育

成体系や研修体系として整備されているが、業務に必須のスキルだけでなく、論理的思考力や問題解決力、状況判断力といった汎用スキルを具備してもらうことも重要であることを改めて付記したい。

② 自律した多様な人材が活躍できる環境の構築

多様な人材の確保、人材の自律性の向上が実現できても、そのような人材が活躍できる環境がなければ意味がない。そのため、人事として組織のハード・ソフトの両面に働き掛けたい。

ハード面では、就業時間や場所、経費など業務遂行に関する制限を極力少なくし、パーソナライズした環境を用意して個々人が裁量を持って業務遂行できるようにしたい。そうすることで、自律的な人材の活躍の可能性を広げることができる。

また、ソフト面での働き掛けでは、「心理的安全性」が参考となる。「心理的安全性」は一言で言うと「一人ひとりが恐怖・不安を感じることなく、安心して発言・行動できる状態」を指す。組織のハード面である仕組みだけをそろえても、利用する上での心理的ハードルが高ければ、そのような仕組みは活用されない。前述した多様な自律人材が、真に挑戦・協働するためには、「心理的安全性」という土台が欠かせないのである。

この「心理的安全性」を高めるために人事ができることには、「心身の健康を損なう前に、事態を把握して未然に防ぐことができる仕組み」をつくるといったリスク予防策の整備や、「失敗することを前提として再チャレンジを促す仕掛け」などのセーフティーネットを設けることがある。単一の取り組みではなく、複数の取り組みを検討しておきたい。

③ 自律した人材の確保・育成の実践例

ここまで述べたような、自律した人材の確保と活躍のための環境整備は、多くの企業が実施途上である。ここでは取り組みの第一歩として、B社の企業事例を紹介する。

同社が自律した人材を求める背景は、他企業と同様、個々人が変化に対応

し、新たな成長やチャレンジをしていかなければ、企業としての成長も厳しい、ということに端を発している。まず、"そもそも自社にとっての自律とは何か"を定義した。検討の末に、「自律とは、自らの領域を現状の外側に拡大し、その中で進むべき方向性を意思決定し、深化させること。また、そのためのキャリアや機会を自ら選び取っていくこと」と定義した。もちろん、進むべき方向性は条件付きである。その条件とは、"自身のやりたいことと、自社や社会に貢献することの重なる領域であること"である。

　全従業員に対して自律を求めることを明確化するとともに、自社の成長に必要な人材タイプを「指導者タイプ」「伝道師タイプ」「創造者タイプ」の三つに分類した。各種アセスメントや評価結果を活用して各従業員のタイプ傾向を明らかにし、本人にもそれを伝えている。

　そしてこれらを浸透させて人材開発を進めるべく、最初の取り組みとして、以下の三つを構築した。

①自律向上のｅラーニング導入
②プロジェクト提案コンテスト
③タイプ別の育成体系

　「①自律向上のｅラーニング導入」では、社内および社外の著名な人材へのインタビュー形式で、いかにして自身の自律性を高めていったかを記録し、それを短い動画コンテンツにまとめ、蓄積している。従業員はこれをいつでも閲覧できるが、年次別の必須研修の中で、自身はどうするか・どうしたいのかをアウトプットする機会を与えられる。

　「②プロジェクト提案コンテスト」は、新規事業コンテストのような形式で、自社の経営課題に対する解決策の提案を募り、採択されたプロジェクトについては、必要なリソース（人員・予算）を提供する。そして、提案者本人がプロジェクトリーダーとして関係部門を巻き込みながら実施することを会社として支援する。

　「③タイプ別の育成体系」は、前述の三つの人材タイプ別研修を外部プログラムも交えながら複数設計し、自身がどのタイプの傾向が強いのかを認識し

た上で、自薦式で各研修を受講できるようにした。

　B社では従業員の自律にいまだ課題を感じつつも、本取り組みを継続することで、徐々にカルチャーが変化しており、手応えを感じている。

5 ［取り組み3］ データ活用基盤構築（最適モデル導出とデータ蓄積）

　前述の取り組みを実施していく上で、人材タイプや施策別に最適モデルを構築すること、そのためにデータを蓄積することが必要になる。ここでいうデータは単に人事情報だけでなく、施策の効果検証結果や教育ナレッジ等のアセット（資産）も含んでおり、それらは蓄積されればされるほど、指数関数的に効果は高まり、他社との差異化にもつながる。このためにどのような取り組みが必要か、具体的に述べていく。

■ 最適モデルの導出～精度の高い仮説構築×繰り返しの実証～

　自社としての最適モデル（例えば、人材タイプ別の最適人事制度、自社特有の活躍人材キャリアパス）を導出するために、モデル構築に一般的に活用される「ピープルアナリティクス」の以下5ステップを通じて考えたい［図表5］。

①解決したい課題とそのKGI・KPIを構造化（3年以内離職率の低下、360度評価スコアの上昇、人件費当たり生産性等）

②課題の要因や促進要素の仮説構築（例えば、離職につながりやすい要素は上司とのアンマッチ、職務へのアンマッチ、不規則な働き方、職務消耗感である等）

③各要素のデータ化（不規則な勤怠は出社時間の分散・3日以上の休暇取得率とする等）とデータ収集・加工

④アナリティクスによる（繰り返しの）実証

⑤実証内容を踏まえた新たな課題と施策抽出

　当然、①～⑤はすべて重要だが、ここでは"今から"取り組む際に特に意

図表5　データを活用したモデル構築ステップ

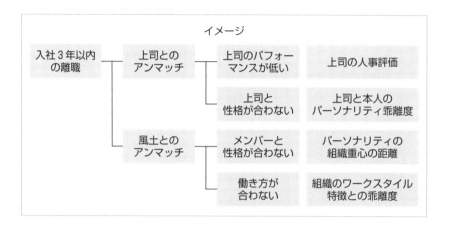

①解決したい課題とそのKGI・KPIを構造化　②課題の要因や促進要素の仮説構築　③各要素のデータ化　④アナリティクスによる（繰り返しの）実証　⑤実証内容を踏まえた新たな課題と施策抽出

イメージ

識してほしいこととして、①KGI・KPIの設定、②仮説構築、④実証について強調しておきたい。

　まず、①KGI・KPIの設定は、単に目標をしっかりと設定しましょう、という話ではなく、いかにして経営や事業に資するKGIを設定し、複数のKPIを設定して構造化するか、ということがポイントである。例えば、プロフェッショナルサービス業や特定商材の販売会社等、コスト構造において人件費割合が非常に大きいビジネスを実施している場合、経営や事業に資する人事KPIとは何だろうか。もちろん、各社の考え方や強みによるところもあるだろうが、要員1人当たりの売上や、人件費1円当たりの売上といった生産性、直間比率などがKGIの候補として極めて重要になってくる。そして、そのKGIと各KPIの構造を明らかにする、あるいは他社と比較し自社の課題を明らかにする上では、正社員比率や年齢構成、階層別の構成、離職率、エンゲージメント等もポイントになってくる。このように、経営や事業に資するKGIが何で、そこに紐づくKPIとしてどのようなものがあり得るのか、この構造を

明らかにする（あるいは仮説構築する）ことが重要だ。

　次に、②仮説構築についてだが、なぜ精度の高い仮説が必要なのだろうか。それは結局のところ、たとえ10年後であっても、人事データがビッグデータにはなり得ないからである。もちろん前述したような"大きな企業"における勤怠データや行動データ（チャット、生体データ等）等の動的データはすぐに膨大なデータ量を確保できる一方、個人の属性や志向性、評価といった静的データは数百万といったオーダーにはなり得ない。つまり、一般的なビッグデータ解析のように圧倒的データ量による精度・再現性の担保が難しい局面が発生してしまう。それでも、より定量的かつ効率的に自社最適なモデルを構築するためには、精度の高い（または大量の）仮説構築が重要である。そして、この仮説構築にはさまざまなフレームワークや他社事例の活用と学術理論・先行研究の活用、加えて人事の実践知・現場の声の活用が肝要である。

　欧米と異なり、多くの日本企業では異動を通じてゼネラリストを育成するマネジメントスタイルが主流だったため、言語化されていない実践知や現場の知見は数多く眠っている可能性があり、海外企業と比べたときに日本企業の強みとなる可能性が高い。後述する資産蓄積にも関連するが、こういった知見を収集して仮説構築することに、可能な限り早くから取り組んでいく必要がある。

　そして、それを検証すべく、前記④の実証を繰り返すことも必要である。これらを通じ、育成やチーミング等、領域別に最適モデルを構築し、そして、その最適モデルを冒頭で述べたようなアップデート型で更新していくことが、これからの人事には必須の考え方となるだろう。

２ 資産・データ蓄積のためのデータマネジメント構想

　既に蓄積の重要性には言及したが、こういった知見の資産やデータを蓄積するために必要なことは、自社としてのデータマネジメント構想を明確に策定することである。データマネジメント構想とは[図表6]で示すように、どのようなデータを、何を経由して収集し、どのようにアウトプットにつなげていくかという全体構想である。多くの日本企業の場合、人事機能ごとの縦割りを越境する統合的機能が弱く、中核のシステムは一本化されていても、い

図表6　データマネジメント構想イメージ

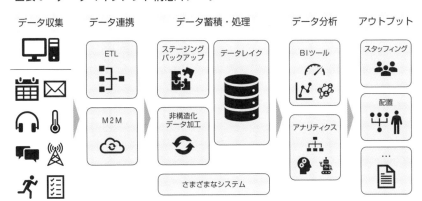

ろいろなツールや施策は連携できていないケースが多い。データ軸でそれら
をつないでいくことが、従業員目線での一貫性という観点でも必要と考える。
　さらに、データマネジメント構想を実際に推進していく際には、さまざまな
人事施策のデジタルトランスフォーメーションも必要となる。RPA等による
効率化にとどまらず、研修や打ち合わせ、OJTをオンラインにシフトしていく
ことにより、それらの手法や知見も資産化することができる。そして、前述し
た人材マネジメントのパーソナライズを実現することが可能となるのである。

3 データの基盤構築の実践例

　基盤構築において取り組みの第一歩を進めているC社の事例を紹介する。
同社は全国に店舗展開しており、その要員計画や各拠点のケア（主に労働時
間や若手のエンゲージメント）に課題を抱えていた。
　実際に取り組んでいることは、大きく以下の三つである。

①拠点ごとの業績・生産性のKPIを設定し、それを競合とベンチマーク
②設定したKPIと内外環境データの関係性をモデリング
③地域別人事がタイムリーに情報を確認できるよう、データレイクとBI
　ツールを整備

①では、まず「1人当たり売上」や「人件費1円当たり売上」、「地域内シェア」等をKPIとしておき、競合リサーチを実施した上で、どの部分が競合劣位か、あるいは競合優位の部分が小さいかを明らかにした。そしてその競合劣位を生み出している要因、例えば評価制度や各種インセンティブの有無、人員の年齢構成等を考察し、優先課題を明確化した。

　②では、前述のKPIに影響するデータとして、拠点がカバーする環境・商圏のデータ（流出入人口や平均所得等）と、内部のデータ（拠点別の年齢構成や個々の適性検査情報、拠点長のスキル等）を集め、それらのデータアナリティクスを行うことで、自社内における好業績拠点のモデルを定量的に明らかにした。これを、本部と各拠点における年次での要員計画検討の素案として用いている。

　③は、各拠点の現場にいる人事担当が①や②の情報をタイムリーに確認し、期中の配属変更や勤怠、エンゲージメントの確認等ができるよう、さまざまなシステムやツールに散在するデータを集積・可視化した。具体的には、本社人事部門主導で現場人事担当が確認すべき項目を定義した上で、必要なシステムを連携させ、データを一元化するデータレイクを構築、データ集計・可視化を直感的に操作することに長けたBIツール（ビジネスインテリジェンスツール）を用いて必要項目をリアルタイムに閲覧できるようにした。③に関しては、②のようにリスクやパフォーマンスを予測するモデルには至っていないが、リアルタイムに可視化されたことにより、現場人事担当が各拠点を常に訪問していなくても、おおよその状況を把握し、拠点長と議論ができるようになった。

　C社はさらに、蓄積するデータを拡張する方針を持っており、また、課題に対する施策効果もデータ蓄積し、人事内で共有・閲覧できるようにすることで、可視化から施策実施、効果測定までのサイクルを加速させる取り組みを実施中である[図表7]。

図表7　C社の事例

①業績・生産性のKPIベンチマーク

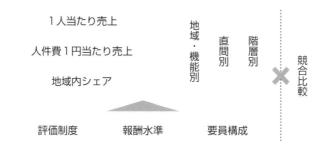

②KPIと各種データの関係性をモデリング

✓ 事業・商圏別に、各KPIにおける好業績拠点を特定
✓ 商圏データ、ビジネスデータ、拠点長データなどの各変数によって説明される最適要員数を推計

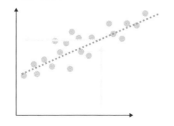

拠点	現行	適正人数	
A	13	14.5	-1.5
B	12	13.8	-1.8
C	15	14.5	0.5
…	…	…	…

③データレイクとBIツールを整備

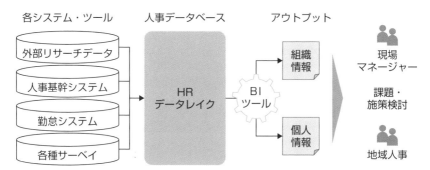

6 これからの人事部が獲得すべき機能

　前述の三つの取り組みを適切に遂行し得る人事部には、どのような機能が必要になるか。それは「人事部の顧客は誰か」を突き詰めると見えてくる。

　これまでの人事部の顧客は、主に経営層といえる。ビジョンや経営計画を実現するための人材リソースをいかにして獲得・育成・定着させるかが、人事部の仕事そのものだった。このことは変わらずに残るだろう。一方で、新たな顧客が"増えた"ことを認識しておかなければならない。それは「従業員や自社で働く可能性のある人材（プールを含む）」である。"経営向け（株主など社外のステークホルダー含む）"と"従業員・人材向け"の双方の視点でサービスを提供する機能を持つ、"両利き"の人事部が求められてくる。

■ 両利きの人事部にバージョンアップする際の着眼点

　両利きの人事部にバージョンアップをするための着眼点として有効なのが、ミシガン大学のデイビッド・ウルリッチ教授が『HR Transformation』（邦題『人事大変革』[生産性出版]）で示した、主要な人事機能を①HRビジネスパートナー（以下、HRBP）、②センター オブ エクセレンス（以下、CoE）、③HRオペレーションの三つの役割に整理する考え方である[図表8]。

　①HRBP、②CoEについては"経営向け"で整理されることが分かる。こ

図表8　主要な人事機能

役　　割	機　　　能
①HRBP	各事業部門の立場で、担当ビジネスのパフォーマンス最大化のために人と組織の観点で支援を担当
②CoE	経営と意見交換をしながら、社内における人事の各領域（評価・報酬・人材育成・ITシステムなど）の専門家として制度等の企画・設計を担当
③HRオペレーション	人事実務のエキスパートとして、サービスの安定提供およびコスト最適化・効率化を担当

の機能や役割は維持しつつも、顧客を「個々の従業員や自社で働く人材」に再定義すると、また違った機能が見えてくる。

❷ 役割(HRBP／CoE)と顧客(経営／従業員・人材)に区分した際に必要な人事機能

役割と顧客で整理した際に、人事部が持つべき機能がどのようになるのかを[図表9]に整理した。これらについて、特に「従業員・人材」向けの機能を解説したい。

(1)HRBP×従業員・人材

「①従業員だけでなく、人材プール（自社で働く可能性のある人材）に対してのアトラクト＆リテンション」と「②人材に対するカスタマイズの人材施策の適切な推進およびそこでの情報収集・蓄積・分析・活用」は表裏一体の機能といえる。人材と直接やりとりする機会の多いHRBPだからこそ、基盤を活用して②を着実に遂行し、そこから一人ひとりを惹きつけて（アトラク

図表9　役割 (HRBP／CoE) と顧客 (経営／従業員・人材) に区分した際に
必要な人事機能におけるミッション

役割 ＼ 顧客	経営	従業員・人材
HRBP	（大きく変わらず）各事業部門の立場で、担当ビジネスのパフォーマンス最大化のために人と組織の観点で支援	①従業員だけでなく、人材プール（自社で働く可能性のある人材）に対してのアトラクト＆リテンション ②人材に対するカスタマイズの人材施策の適切な推進およびそこでの情報収集・蓄積・分析・活用
CoE	（大きく変わらず）経営と意見交換をしながら、社内における人事の各領域（評価・報酬・人材育成・ITシステムなど）の専門家として制度等の企画・設計	③入社から退職までの一連の施策におけるエンプロイーエクスペリエンスのデザイン ④上記を実現するためのエンプロイージャーニーマップの整備 ⑤社内外へのメッセージの整合性担保

ト）、自社に興味を持たせ続ける（リテンションする）ために、①という評価・報酬・担当してもらう職務・所属組織などを個別に検討する機能が求められる。後述するエンプロイーエクスペリエンス（従業員経験。以下、EX）を、一人ひとり、施策ごとに最適化することが、まさに「One to Oneマーケティング」の実践になり、HRBPに新しく求められる機能となる。

（2）CoE×従業員・人材

HRBPが一人ひとりと日々向き合うのに対し、CoEはHRBPの取り組みのベースとなる大きなストーリーを考えることが役割となる。「③入社から退職までの一連の施策におけるエンプロイーエクスペリエンスのデザイン」とあるが、EXもマーケティングにおける「カスタマーエクスペリエンス」を従業員に置き換えた考えであり、従業員が自社で働くことで得る経験価値といえる。職場から得られる満足感、成長実感、貢献実感などの総和を最大化するための工夫こそが、EXをデザインすることである。

そのための整備するツールが、④に記載されているエンプロイージャーニーマップだ[図表10]。自社で就業することにより実現できるキャリアとその実現に向けて従業員がすべきことや直面する障壁、そしてそれらを乗り越えるための会社が提供する施策（サポート）が整理されたものである。採用され入社してから、育成の環境や異動配置の考え方、評価や昇降格などの基幹人事制度の思想、キャリアの終え方までのストーリー、言い換えれば従業員に対して自社で働くことで得られる価値を、自社の従業員や人材プール層に明示できる。個々人に徹底的に向き合うHRBPと比して、企業の人事戦略を立案する立場のCoEにとって、これこそが最も重要な機能になる。

また、「⑤社内外へのメッセージの整合性担保」も欠かせない機能である。自社の人材マネジメントの考えを伝える際に、従業員向けの社内メッセージと、自社で働いているわけではないアルムナイを含む外部の人材プール向けの社外メッセージの整合が取れていなければ、従業員や人材からの信頼は得られない。企業としてのメッセージをきちんと一貫性を持って発信する際のハブとなる機能がCoEに求められる。

7 両利きの人事部を目指す際のヒントとなる ISO30414

　人事部がこれらの機能を獲得するためには、何から始めればよいだろうか。テクノロジーの活用や、人事部の構造改革などに取り組む必要があるが、課題が多すぎて何から取り組めばよいか、困惑してしまう企業も多いだろう。その際のヒントとなるものが、「ISO30414」への対応である。

　ISO30414とは、ISO（国際標準化機構）が定めた人的資本データの収集、測定、分析、報告に関するガイドラインである。ISO30414では、人的資本を組織の最も重要な経営資源およびリスクの一つとしており、法令遵守・倫理、コスト、多様性、リーダーシップ、組織文化など全11の領域を対象としている[図表11]。領域ごとの自社の現状と目指す姿を客観的な指標で示すため、「ISO30414の取り組み」＝「経営および従業員・人材、そして他のステークホルダーへの人事部の貢献を可視化すること」といえる。

■ ISO30414のメリット

　ISO30414を取り組みのきっかけとする最大のメリットは、報告すべき項目（KGI・KPI）がかなり具体的に定められていることである。これらの項目は多岐にわたるが、人事部が把握・管理すべき指標が網羅的に整備されている。設定されている項目を参考にすることで、効果的・効率的に人事部としてのKGI・KPIを設定することができる。

　また、これらの指標のスコアを定期的に取りまとめ、公表していくためには、情報システム部門や広報部門との協力が欠かせない。両利きの人事部になるための取り組みでは、いずれにせよこれらの部門への協力依頼が必要だが、ISOという経営テーマへの取り組みとなるため、協力を得やすくなるというのも、大きな変革を推進する上では見逃せないメリットである。

■ ISO30414を活用するステークホルダー別のメリット

　ISO30414への対応には、経営、従業員・人材、人事部にとって、それぞれ

図表10 エンプロイージャーニーマップ（例）

		ファーストステージ 新卒入社〜10年目	セカンドステージ 10年目〜管理職昇格前
ステージの位置づけ		・定期的な人事ローテーションを通じ、多様な業務を経験し、自らの適性を探る	・自身の適性・強みを見いだし、それを活かせる領域を特定する ・領域でのプロを目指してスキル・経験を積み上げる
会社視点	従業員に期待する行動	・未経験の業務に対しても積極的に取り組む ・業務を通じて基礎スキル・能力を向上する ・ローテーションを通じ、自社を深く理解する	・自身の適性や強み・弱みを捉える。合わせて職種とのマッチングを図る ・プロへの成長を見据え、意識的に上位者の役割に挑戦する
	従業員に期待する志向	・好奇心（自身の可能性を模索する） ・挑戦（未経験の業務にも積極的に取り組む） ・柔軟性（新しい環境に素早く対応する）	・メタ認知（自分自身のことを深く理解する） ・挑戦（上位役割に挑む） ・主体性（キャリアを自ら考えデザインする）
従業員視点	行動的障壁（期待する行動を取ることが難しい理由はあるか）	・社会人として基礎スキルが不足している ・異動先での新しい業務へのキャッチアップや人間関係構築が難しい	・適性・強みを考える方法が分からない ・自身の考える得意分野と周囲からの評価が一致しない ・プロに必要なスキルが不足している
	心理的障壁（期待する志向を持つ上でどのような懸念があるか）	・一定期間で未経験業務に従事することになり、タフな働き方となる ・キャリアをコントロールできず、受け身になりやすい	・自分自身を見つめ直す機会がない ・上位役割への挑戦に抵抗感がある
会社のサポート方針（従業員の障壁を解消する施策）	人事制度	・職能資格を軸とし、一部職務型（職務給）を導入し、能力の伸長とともに自身のマーケットバリューを意識させる環境を整備する	・職務型（職務給）を導入し、自身のマーケットバリューを意識させ、日常的に向上させることを促す環境を整備する
	Off-JT・研修	・研修を通じて、自社の各職場で働く上での基礎スキル・知識の習得を促す	・研修を通じて、領域のプロとして必要なスキルを付与する ・一部対象者には選抜型研修により、早期からサクセッションを意識させる
	OJT	・職場でのOJTを通じて、実践的なスキル・知識の習得を促す ・合わせて、職場の受け入れ態勢（ガイドラインなど）を整える	・上司が、意識して上位者の役割を任せる
	ローテーション	・定期的な人事ローテーションを実施する（10年で異なる3部署を標準と設定） ・一つひとつのローテーションに目的（身につけることの明確化）を持たせる	・自ら異動先の職種を選択する機会（異動希望調査など）を与える ・一部対象者（選抜型研修参加者など）はタフアサインメントの対象とする
	キャリア開発	・会社の育成方針を社員に的確に伝達する（ローテーションによる幅広い業務経験の付与）	・自己分析（強み・弱み／キャリア）の方法・機会を提供する ・会社から「本人に対する期待」や「本人の強み・弱み」を伝達する機会を設ける
	その他支援	・人事評価を通じ、スキルの習得状況を定期的にフィードバックする	・人事評価を通じ、本人に必要な（不足する）スキル・知識・経験を確認させる

［注］　本内容は人事部門内での利用を想定したものであり、従業員に開示するものはマスキングや表現の修正

サードステージ 管理職	ファイナルステージ 役職降職／退職～現役引退
• 自ら定めた領域のプロとして組織貢献を行う • 領域の深化・拡大を目指し、継続してスキル・経験を積み上げる	• これまで培ったスキル・能力を活かせるキャリアを見定め、そこに向けて磨き上げる
• 選択したキャリアで自らを成長させる環境を整える • キャリアを自律的に形成する	• スキル・能力を活用し適切な職務（役割）を見定め、そのための準備をきちんと遂行する • 後進の成長を支援する
• 成長志向（成長に資する活動に、積極的に取り組む） • 自律性（これまでの経験を前提に、自ら選択して歩む）	• 安定感（スキル・能力を活用し、確実に周囲に貢献する） • チャーミング（年下の上司や同僚などが接しやすい雰囲気を醸し出す）
• 明確な得意領域がなく、選択ができない • 自分の意志では、環境を整えられない	• 専門スキルを持たない（と感じる） • リカレント（学びなおし）がうまく進まない • 知識・スキルを伝承するノウハウを持たない
• どのように成長していけばいいか分からない • 自律性を求められても適応できない	• モチベーション低下（役割や給与が変わることで、"キャリアの終わり"感を覚えてしまう） • 後進への対応（権限委譲やマインドのリセットなど）がうまくできない
• 職務型（職務給）を導入し、目指す次のキャリア（ポジション）を明確にできる環境を整備する	• 職務等級制度とし、一人ひとりが従事する職務に即した処遇を前提とする
• 選択したキャリアにおいて必要な学習機会を提供する（社内における研修の実施） • 選抜型研修により、次期経営幹部層を育成する	• スキル・能力の磨き上げの手法を提供する • チャーミングさの必要性と発揮を促す気づきを提供する • 業務を適切に引き継ぐノウハウを提供する
（該当施策なし）	
• 自身で異動希望先の部門を明言する機会（公募制度、FA制度など）を与える	• 個人のスキル・能力に応じた、活躍できる環境を整える
• 個人のキャリア開発を、側面から支援する（社内の選択肢を適切に伝える） • 必要であれば社外転身の可能性も提示する	• 自らのキャリアを振り返り、強みを見いだしてもらう（キャリアカウンセリングの実施） • 前向きに働くモチベーションを喚起する • 該当年代の役割（選択肢）を適切に伝える
• 選択したキャリアにおいて必要な学習機会を提供する（社外学習コンテンツの提供）	（該当施策なし）

を行う。

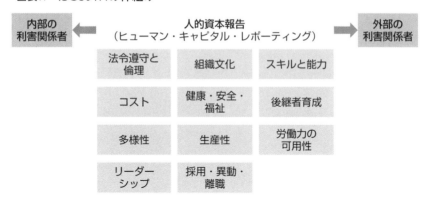

図表11　ISO30414の枠組み

資料出所：ISO「ISO30414：2018. Human resource management—Guidelines for internal and external human capital reporting」Figure 1　（筆者翻訳）

メリットがある。経営にとっては、これまでブラックボックス化しがちであった人事部の貢献を社内外にアピールでき、企業価値向上に向けたPDCAサイクルを回せるようになる。また、「統合報告書」などで人的資本の状況を開示すれば、投資家からのポジティブな評価を得やすくなるだろう。

　従業員・人材にとっては、人事部が提供するサービス品質がこれまで以上に向上するというメリットがある。ISO30414の指標に従業員満足度や従業員のスキル・能力の状況などがあり、これまで目的や意図が説明されず、一方的に提供されていたサービスに対して、サービスを受ける側の声を反映させることで、質の向上を促すことができる。また、社外の人材にとっては、人的資本に関する情報を参考に選考への応募等を判断できるようになり、より納得度の高い会社選びが実現する。

　最後に、人事部に対してである。前述のとおり、ISO30414へ対応すると、自分たちが提供しているサービスに対しての評価が詳らかになる。把握、測定した情報を公開するか否かは企業次第ではあるが、まずはこれらの指標に向き合うことが、日々の業務の変革を促す強烈なきっかけになることは間違いない。真摯に取り組み、指標のスコア向上に向けた努力を継続することで、社内における人事部の評価・満足度の改善につながる。

今後、ISO30414がより注目されれば、機関投資家向けの会社説明会で、CEO（最高経営責任者）とともにCHRO（最高人事責任者）が自社の組織や人材の状況について説明するような機会も増えるだろう。

8 おわりに

2010～20年の企業人事のトレンドを振り返ると、「グローバル化」「HR Tech」というキーワードが挙がるだろう。これまでの日本型人材マネジメントに大きな変化を迫ったグローバル化、テクノロジーの活用による人事業務の生産性向上や新たな価値提供など、日本企業の人事部は少しずつかもしれないが、着実な変化をしつつあるといえる。

本稿では、これからの10年を見据えた人事部に必要な機能として"両利き"という考えを提案した。これまでの変革は、ある方向への、ある意味で一律的な変化を促してきたものだったが、これから必要な変革は個々の企業にとって自由度の高い変革といえる。企業の立ち位置や、労働市場において自社が採るポジションによっては、あえて差異化するために、これまでの日本型人材マネジメントの特徴を前面に押し出すような選択肢もあるし、「完全テレワークのオフィスレス」「正社員は少数として、必要な人材をフリーランスから募集するプロジェクト型企業」など、特徴的なポジションを採ってもよい。そういった意味では、自社らしさを突き詰めて明確にした上で、その実現にコミットできる人事部が求められている。

小川昌俊 おがわ まさとし

三菱UFJリサーチ＆コンサルティング株式会社
コンサルティング事業本部 組織人事ビジネスユニット プリンシパル

一橋大学商学部卒業後、コンサルティング会社数社を経て三菱UFJリサーチ＆コンサルティング株式会社入社。人事制度設計、人材育成体系構築、チェンジマネジメント、10年後を見据えた人事戦略立案など中期的な視点でのサービスを提供している。中小企業庁や厚生労働省の人材に関する事業にも携わっている。著書に『長時間労働対策の実務』（労務行政）、『「65歳定年延長」の戦略と実務』（日本経済新聞出版）など多数。

古川琢郎 ふるかわ たくろう

三菱UFJリサーチ＆コンサルティング株式会社
コンサルティング事業本部 組織人事ビジネスユニット シニアマネージャー

東京大学農学部卒。大手総合ファームを経て現職。人事戦略からAnalytics・HR Tech事業開発等、人事領域から戦略・Digital領域まで幅広い実績を有する。講演・寄稿多数。ピープルアナリティクス＆HRテクノロジー協会上席研究員。

田中健治 たなか けんじ

三菱UFJリサーチ＆コンサルティング株式会社
コンサルティング事業本部 マーケティング＆DX企画室 コンサルタント

IT系ベンチャー企業にて経営企画・管理業務に従事し、IPO後に三菱UFJリサーチ＆コンサルティング株式会社入社。タレントマネジメントの構想策定から定年延長、同一労働同一賃金対応、人材管理システムの導入支援などを実施。

会社概要

本社 東京都港区虎ノ門5−11−2　オランダヒルズ森タワー

資本金 20億6000万円

従業員数 約990人

事業概要 三菱UFJリサーチ＆コンサルティングは、三菱UFJフィナンシャル・グループ（MUFG）のシンクタンク・コンサルティングファームである。東京・名古屋・大阪を拠点に、国や地方自治体の政策に関する調査研究・提言、民間企業向けの各種コンサルティング、経営情報サービスの提供、企業人材の育成支援、マクロ経済に関する調査研究・提言など、幅広い事業を展開している。MUFGの確かな基盤の下、社会やお客さまの課題と真摯に向き合い、真の課題解決に導く最適なソリューションを提供する。

https://www.murc.jp/

株式会社日本総合研究所

"HRプロフェッショナル"の確立による
人事部機能の変革を
より能動的なアクションで、
会社を成長に導くための処方箋

林 浩二
　　人事組織・ダイバーシティ戦略グループ　部長／プリンシパル

國澤勇人
　　人事組織・ダイバーシティ戦略グループ　マネジャー

People determine the performance capacity of an organization. No organization can do better than the people it has.[1]

(*Peter F. Drucker*)

組織のパフォーマンスの大きさを決めるのは人材である。いかなる組織であっても、持てる人材を超えるパフォーマンスを上げることはできない。[2]

(*ピーター・F・ドラッカー*)

1 人事部の機能・役割を再考する

■ アメリカの人事部、日本の人事部

アメリカ企業と比較すると、一般に日本企業の人事部は強いパワーを持っている。

ほとんどのアメリカ企業では、採用、配置、評価、処遇等に関する決定権が広範に現場に委譲されているため、本社人事部の統制力は限定的である。こうした状況を反映し、一般に人事部長は財務、マーケティング、開発技術等の他の部長職と比較して、報酬水準もそれほど高くない。アメリカの有名ビジネススクールを出たMBAホルダーで、人事管理（HRM：Human Resource Management）のキャリアに進む人がほとんどいないことが、その証左といえるだろう。

これに対して、日本の企業（会社によって濃淡があるものの、特に伝統のある大企業）では、採用、育成、配置、評価、報酬等の権限を人事部が掌握しており、現場に対して一定の統制力を発揮できる場合が少なくない。とりわけ重要なのは、人事評価や異動・昇進など、処遇の決定に関わる事項である。社員の人事情報を握り、処遇決定に影響力を持つ人事部は、多くの日本企業において「敷居が高い部署」と目されてきた[図表1]。

---

[1] Drucker, P. 1990. *Managing the Non-Profit Organization: Principles and Practices.* New York: HarperCollins Publishers
[2] 筆者訳。

図表1　アメリカの人事部、日本の人事部

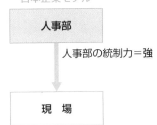

アメリカ企業モデル	日本企業モデル
人事部	人事部
人事部の統制力＝弱	人事部の統制力＝強
現　場	現　場
採用、配置、評価、処遇等に関する権限が広範に現場に移譲されているため、人事部の統制力は弱い	採用、配置、評価、処遇等に関する権限を人事部が保有しているため、現場に対して一定の統制力を発揮できる

資料出所：日本総合研究所（特に記載がない限り、以下同じ）

② 人事部の位置づけを巡るパラドックス

　一般に経営資源には、カネ、モノ、ヒト、情報があるといわれる。その中でも、ヒト（人材）は最も重要な経営資源であり、多くの企業にとって人材こそが競争力の源泉とみなされている。人事部は、その最も重要な経営資源である人材に関わる部署である。それでは、人事部は会社にとって最も重要な機能・役割を果たしている部署といえるのだろうか。

　ほとんどの企業にとって、答えは「No」であろう。最も重要な経営資源である「人材」を取り扱い、社内でも一段と敷居が高いはずの部署であるにもかかわらず、人事部は必ずしも社内で最も重要な部署と目されていない。このパラドックスは、なぜ生じるのだろうか。

③ 人事部の機能・役割を整理するためのフレームワーク

　この問題を解明するためには、人事部の仕事を棚卸しし、人事部がどのような機能・役割を果たしているかを検証する必要がある。

　人事部の機能・役割については、ミシガン大学のデイビッド・ウルリッチ教授が、『Human Resource Champions』（邦題『MBAの人材戦略』［日本能率協会マネジメントセンター］）において提示し、その後も進化発展させてい

る枠組み（後述）が有名だが、本稿では、わが国特有の事情を踏まえた分析を行うことを念頭に、別の角度から、この問題を分析してみたい。

　[図表2]は、日本企業の人事部の機能・役割を整理するために、われわれが提示するフレームワークである。

　横軸は、人事部が課題に取り組む際の姿勢をReactive（受動的）かProactive（能動的）かという分類で整理したものである。例えば、同一労働同一賃金など、「自社がぜひとも必要と考えるから」ではなく、「法令が改正されたから」という理由で対処する場合には、受動的な姿勢に基づく課題対応といえる。一方、将来の労働力人口の減少を念頭に、現時点で必ずしも人手不足ではないにもかかわらず、先手を打って定年引き上げに舵を切るような場合には、能動的な課題対応といえるだろう。

　縦軸は、人事部が課題に取り組む際の志向をManagement-oriented（経営目線）かEmployee-oriented（従業員目線）かという分類で整理したものである。例えば、会社の成長に向けて従業員を意識づけるため、賞与の業績連動性を高めるような報酬制度改定を行う場合には、経営目線からの課題対応といえる。これに対し、かねてより従業員から不満が出ていた住宅手当の支給

図表2　人事部の機能・役割を整理するためのフレームワーク

| | | 姿　　勢 | |
		Reactive（受動的）	Proactive（能動的）
志向	Management-oriented（経営目線）	Type 2	Type 1
	Employee-oriented（従業員目線）	Type 3	Type 4

額の積み増しを行うような場合には、従業員目線からの課題対応といえる。ただし、経営者と従業員の利害は必ずしも対立しない場合もあり、単純な二分法では割り切れないことがあることも付記しておきたい。

2 人事部と人事スタッフの現状と課題

1 人事部の役割を巡る現状

[図表2]のフレームワークに即して人事部の仕事を棚卸しすると、ほとんどの企業の人事部は、能動的かつ経営目線での機能・役割を果たせていないことが分かるだろう。

例えば、「働き方改革」への対応について考えてみたい。時間外労働時間の上限規制にせよ、同一労働同一賃金にせよ、固唾をのんで法令改正の動きに注視し、その内容が明らかになった段階で、受動的に対応に動き出した人事部がほとんどだったと思われる。政府が「働き方改革」というキーワードを打ち出す前に、人材の獲得・定着における競争優位の実現を見据えて、先手を打って取り組みを開始していた人事部がどれほどあるだろうか。

また、経営目線の欠如についても、大きな課題がある。人事部という部署は、その性質上、経営目線と従業員目線の両方を併せ持つことが求められる。しかし、実際には、「会社の成長は自分たちが牽引する」という意欲と気概を持ち、経営目線で課題に取り組んでいる人事部は非常に少ない。例えば、先に挙げた働き方改革への対応では、ほとんどの企業において、人事部は専ら時間外労働削減の旗振り役に特化し、働き方改革のもう一つの柱である労働生産性の向上については、経営的な視点からの有効な施策を打ち出せていない人事部（それどころか、労働生産性向上の問題は、そもそも自分たちとは無関係と考える人事部）が決して少なくないのではなかろうか。

先に掲げたフレームワークを用いて、現時点で人事部が担っている仕事を検証すると、受動的な課題対応に極端に偏り、かつ、経営目線と従業員目線のバランスを欠いた（すなわち、経営目線が貧弱な）人事部の姿が浮かび上

がる[図表3]。結局のところ、最も重要な経営資源である「人材」を取り扱い、社内でも一段と敷居が高いはずの部署であるにもかかわらず、人事部が社内の重要部署と目されない原因は、この点にあるのではないだろうか。人事部が真に「社内の重要部署」へと脱皮するためには、能動的かつ経営目線の発想で、変化対応力を向上させていかなければならない。

　オックスフォード大学のフレイ博士とオズボーン准教授による推計によれば、人事部の補助的な仕事は90％の確率で将来的にコンピュータに置き換わってしまう可能性があるという。受け身の姿勢でルーティンの仕事を黙々とこ

図表3　人事部の仕事を検証する

現状では、経営目線を欠いた受動的な課題対応が大半を占め、会社の成長を牽引するような能動的な機能・役割を十分に果たせていない（色が濃いTypeほど仕事のボリュームが大きいことを示す）

		姿　勢	
		Reactive（受動的）	Proactive（能動的）
志 向	（経営目線）Management oriented	Type 2	Type 1
	（従業員目線）Employee oriented	Type 3	Type 4

Type 1 の例	10年先の人口減少を見越して、外国人を含む多様な人材の採用・育成を強化する
Type 2 の例	経営層（社長）から指示されたので、賞与支給額のメリハリを拡大する
Type 3 の例	法令が改正されたので、年次有給休暇の取得促進策を導入する
Type 4 の例	仕事を通じた従業員の自己実現を後押しするため、キャリア形成支援策を拡充する

なす役割に甘んじていては、「人事部などもはや不要」という時代が早々に到来することになりかねない。

2 業務分掌規程から読み解く人事部

実際のところ、人事部は企業内でどのような業務を担当しているのか検証してみよう。

[図表4]は、ある会社の業務分掌規程から人事部の所管業務を抜粋したものである。これを見ると、人事部の仕事は、企画的な業務も一部あるものの、採用、人事評価、昇進・昇格、配置、教育研修など、そのほとんどは既存の仕組みの運用・実行や統括、すなわち、事務・管理業務であることが分かる。

人事部は一般に「管理部門」と呼ばれることが多い。ほとんどの会社において、人事部はコストセンターとして事務的・管理的業務を効果的・効率的に推進することが主たる任務とみなされているのが実態であろう。

図表4　ある会社の業務分掌規程に見る人事部の所管業務

人事部
（基本的役割）
企業経営の目標を達成するために経営資源である人的資源を確保し、効果的に活用できる人事制度および人材育成施策を企画、統括管理する。
（具体的役割）
1　人事管理ならびに人事制度の改善、効率化
2　人材の効率的活用の企画、推進管理
3　人材の採用・解職の統括管理
4　従業員の考課および賞罰の企画、統括管理
5　従業員の昇進、昇格および給与の企画、統括管理
6　従業員の異動・配置の企画、統括管理
7　総人員、総人件費の管理、最適化推進
8　労働組合との折衝連絡、労使交渉の実施
9　労務トラブルの統括管理
10　個別育成制度（キャリアパス／CDP／自己申告制度）の運営支援
11　教育・研修制度の企画・運営・統括管理
12　アセスメントの実施
13　教育関連助成金に関する調査と申請
14　再就職希望者に対する求人案件の開拓、情報の収集・提供
15　再就職を支援するための研修の企画・実施
16　その他、他部に属さない事項

3 人事部長は「戦略のパートナー」か？

　先に触れたミシガン大学のウルリッチ教授は、人事（HR）の機能・役割について、三脚モデル（three-legged model）あるいは俗にウルリッチ・モデルと呼ばれる枠組みを提唱している[図表5]。

　このモデルによれば、人事には次の三つの機能・役割があるとされる。

- Shared Services：定型業務の効率的遂行（採用や教育研修、給与計算等の定型業務を効果的・効率的に提供する機能・役割）
- Centers of Expertise：専門的知見の提供（報酬管理、人材育成、人事データ活用などの専門的知見を活かして問題解決を図る機能・役割）
- Business Partners：戦略のパートナー（経営層や事業部門とともに戦略を共同立案・遂行し、経営戦略・事業戦略を人材面から支える機能・役割）

　しかし、先ほど掲げた業務分掌規程[図表4]を改めて眺めてみると、専ら事務的・管理的業務に特化している日本企業の人事部は、Business Partners（戦略のパートナー）としての機能・役割——先にわれわれが提示したフレームワークでいうところの「能動的かつ経営目線の機能・役割」からは、程遠いことが分かるのではないだろうか。

　このように述べると、「いや、うちの会社の人事部長は執行役員でもあり、経営会議にも参画しています」という反論があるかもしれない。しかし、それは本稿冒頭で述べたような、専ら異動・任用や処遇決定を巡る人事部固有

図表5　人事の機能・役割に関する三脚モデル（ウルリッチ・モデル）

のパワーを背景とした経営参画であり、真に戦略を人材面から支える役割を
果たせているとはいえないケースが大半を占めるのではないか。

❹ 資源ベース理論(RBV：Resource-based view)に立脚した検討を

　それでは、人事部の所管業務を見直し、企画・戦略業務を分掌規程に書き
足せば人事部が戦略のパートナーに変身するかといえば、それは疑わしい。

　人事部の変革を実現するためには、確かに「会社の中で人事部をどのよう
に位置づけるか」という組織論の立場から議論することも必要だが、それ
だけでは不十分だ。日本企業の人事部変革を考える際は、資源ベース理論
（RBV：Resource-based view）に立脚した検討、すなわち、人事部を支え
る人的資源（＝人事スタッフ）に着目した議論が避けて通れない。というの
も、メンバーシップ型雇用が主流のわが国では、人事部を底支えする「HR
プロフェッショナル」が必ずしも確立されておらず、したがって人事部機能
の変革に必要な人材が十分育っていないからである。

　こうした状況の中で、人事部というハコ（組織）を刷新したとしても、中
身（人事スタッフ）が同じであれば結局は何も変わらない。人事スタッフの
ありようこそが人事部のパフォーマンスの成否を規定するのである。

❺ 人事スタッフの課題

　以上のとおり、人事部が抱える問題とは、突き詰めて考えてみると、人事
スタッフの課題といえる。

　一般にHRMのスタッフは、HRゼネラリストとHRスペシャリストに区分
される[図表6]。HRゼネラリストとは、採用、研修、報酬など人事管理全般
の「何でも屋」的な役割を担う人事スタッフである。一方、HRスペシャリス
トは、採用、研修、報酬、HR Techなど人事管理のいずれかの職能に特化し
た専門スタッフである。

　「ジョブ型雇用」のアメリカ企業では、「HRプロフェッショナル」という概
念が確立されており、その中でもHRゼネラリストとHRスペシャリストが区
別され、別々のキャリアとみなされている。一方、「メンバーシップ型雇用」

区　　分	定　　義
HRゼネラリスト	採用、研修、報酬、人事情報システム、労使関係など、人事管理全般を幅広く担当する
HRスペシャリスト	採用、研修、報酬、人事情報システム、労使関係などのうち、特定分野に特化した専門スキルを有する

■HRゼネラリスト

HRの諸領域を広くカバーする
人事のゼネラリスト

■HRスペシャリスト

HRの特定領域を深く掘り下げる
人事のスペシャリスト
（上図は報酬スペシャリストの例）

を前提とする日本企業の場合、職務を定めることなく入社（就社）し、その後は会社都合に即して配置が決まるため、人事のプロが育ちにくい。人事畑を歩み、HRゼネラリストに類似したキャリアを積む社員が存在する場合もあるが、こうした社員についても、いつ何時、全く畑違いの部署に配置転換されるか分からない。また、HRスペシャリストについては（企業年金等に特化したスペシャリストを配置する企業も一部に見られるものの）、ほとんど育っていないのが実態であろう[図表7]。

　それどころか、日本企業の場合、人事経験がほとんどない社員が、突然人事部長に就くことも決して少なくない。なぜそうなるかというと、日本企業の人事部長には、戦略のパートナーではなく、専ら異動・任用など社員の処遇を決める役割が期待されているからだ。このため、HRMの知見がなくとも、社内の主要部署を渡り歩き、「社員の顔」を見知っている経験豊富な人材であれば、人事部長が務まってしまうのである。

　このように、わが国では「HRプロフェッショナル」という概念自体が十分

図表7　HRプロフェッショナルを巡る状況

■ジョブ型雇用と
　HRプロフェッショナル

- HRがプロフェッション（専門職業）として確立
- HRゼネラリストとHRスペシャリストに枝分かれし、自律的なキャリア形成が行われる

■メンバーシップ型雇用と
　HRプロフェッショナル

- HRがプロフェッション（専門職業）として明確に認識されず
- 会社主導の「適材適所」の発想で配置が決まり、人事のプロが育ちにくい

確立されていない。まさに、この点こそが、人事部が能動的かつ経営目線の機能・役割、あるいは、ウルリッチ教授が言う戦略のパートナーとしての機能・役割を果たせない原因の一つといえるだろう。

3 これからの人事部への期待

■経営資源としての人的資本形成と情報開示

　それでは能動的かつ経営目線での機能・役割を果たすために、人事部は何をしなければならないか。

　先に述べたとおり、人材は最も重要な経営資源であり、無形の資産である。人事が「能動的かつ経営目線での機能・役割」を果たすことは、この無形資産を有効活用することを意味する。この点、内閣府は「日本経済2014-2015—好循環実現に向けた挑戦—」において、企業が有する「情報化資産」「革新

的資産」「経済的競争能力」の三つを無形資産と位置づけ、「企業独自の人的資本形成への取組、組織改革等」を経済的競争能力とした上で[図表8]、無形資産への投資こそが今後の日本国内における企業の生産性を高めることを指摘している。また、経済産業省が2017年に公表した「伊藤レポート2.0（「持続的成長に向けた長期投資（ESG・無形資産投資）研究会」報告書）」においても、無形資産が今後の企業の競争力の源泉になり得ることを示している。

　ところで、海外に目を向けると、こうした企業における人的資本に関する取り組みについて、投資家に対する情報開示が既に求められている。米国証券取引委員会は、財務諸表以外の開示に関する要求事項である「Regulation S‐K」を2020年に改定しており、米国上場企業を中心に、投資家に対して人的資本の状況を説明することが求められるようになった。また、それに先行して2019年には国際標準化機構（ISO）から人的資本に特化した国際規格ISO30414がリリースされており、海外ではこの規格が浸透しつつある。

　また、日本においても、2020年9月に「持続的な企業価値の向上と人的資本に関する研究会 報告書 ～人材版伊藤レポート～」が公表され、経営戦略を実現させるための人材面からの裏づけとして、人材戦略等を投資家に説明

図表8　無形資産の分類

情報化資産	・受注ソフトウェア ・パッケージ・ソフトウェア ・自社開発ソフトウェア ・データベース
革新的資産	・研究開発（R＆D）、他の製品開発 ・著作権及びライセンス ・デザイン（機械設計・建築設計） ・資源開発権
経済的競争能力	・ブランド資産（広告、市場調査） ・企業の人的資本形成の取組（社員教育・研修の実施、実際に必要な人材導入） ・組織形成・改革（コンサルタントサービスの導入、経営管理に係る取組）

資料出所：内閣府「日本経済2014-2015 －好循環実現に向けた挑戦－」第3－2－4図「無形資産投資の推移」

する責任があることが示されている。

　これまで日本において、各企業における人事の施策はどちらかといえばオープンにするものではなく、むしろ秘匿することを是としていたように思われる。もちろん、秘匿性が高い情報も多くあろうが、社会の流れに従えば、今後はその情報の性質を踏まえ、積極的に開示することで投資家との対話を行う必要があろう。こうした対話により人材戦略が企業価値を高めることができれば、まさに、人事が経営レベルに昇華したことを意味する。

　人事スタッフは、これまで、人事部に配属されると「人事の顧客は従業員である」と教えられることが多かったのではなかろうか。無論それは誤りではないが、これからの人事は従業員との関係のみならず、企業価値向上の観点からより広いステークホルダーを意識し、経営的な視野で人事を考える必要がある。

❷ 現実的となった「多様な人材」と「多様な働き方」

　これまで述べたように、これからの人事部は、情報開示により投資家と対話をするための人事戦略を描き、その戦略に基づく施策を推進することが求められる。この人事戦略を考える上で、最も特徴的なキーワードになり得るのが「多様な人材」と「多様な働き方」への対応であろう。

　長きにわたり多くの日本企業は、人材活用のベースとして新卒一括採用とOJTを中心とした企業内での能力開発を行ってきた。この仕組みは、いわば均質化された一定能力を有する人材を量的に確保することで、企業の成長を推進してきたものである。高度経済成長下においては、このような量的対応も成長の源泉となり得たが、大幅な経済成長が見込めず、かつ、情報量の増大により社会全体が複雑化した現在の状況では、均質的な人材による量的な対応には限界がある。複雑な社会に対しては、量ではなく、「多様な人材」こそが必要となる。

　「多様な人材」を活用しなければならない理由は、社会の複雑さという構造の問題だけにとどまらない。労働力人口の減少が見込まれる中、生産性向上の必要性が叫ばれているが、生産性を向上させれば労働力を減らすことがで

きるという単純な図式にはならないだろう。時代の流れに応じた新たな対応事項は当然発生し得るはずであり、絶対的な労働力の維持は今後も必要となる。少子化の流れが止まらない日本においては、グローバルな人材市場での人材確保が不可欠になってくる。

また、昨今のコロナ禍によるテレワークの推進は、かねてより進んできた「多様な働き方」を加速させている。オフィスや自宅という場所の違いはもちろんのこと、育児や介護等に対応しながら働くという時間的な多様性が存在する。さらに、グローバルな労働市場に参入すれば、国という地理的な違いのみならず、それに伴う気候の違い、宗教等による価値観の違い等も働き方に影響する。

これまでの人事部の意識は、こうした「多様な人材」と「多様な働き方」に対して、対応しなければならないという受動的なものではなかっただろうか。多様性というキーワードは、かねてより社会をにぎわせていたものの、多くの企業の経営層や人事部の担当者と話をすると、「総論では賛成」と「多様性＝特殊な対応」と考えている感が拭えない。コロナ禍をきっかけとした社会の大きな変化は、これを能動的なものに変えるチャンスであり、「多様な人材」や「多様な働き方」をマネジメント・シナジー創出のための積極的な方策として位置づけ、能動的に対応することが競争力につながるはずである。

❸ 人事スタッフの役割を再定義する

それでは、「多様な人材」と「多様な働き方」に対して、人事スタッフはどのように対応すべきであろうか。

[図表9]は、これまでとこれからの日本企業における人材の在り方と、HRゼネラリストとHRスペシャリストの関わり方をイメージにしたものである。

まず、今後のHRゼネラリストの役割を一言で言うならば、多様な人材を組織として受け入れるための土台づくりだろう。つまり、あるべき組織風土の醸成、組織構造の在り方、ダイバーシティへの対応、後述する各HRスペシャリストが担う部分の整合性の確保、人事部の横断的な施策等を担うことになる。[図表9]の横軸をHRゼネラリストが担う領域といえば分かりやす

図表9　組織の変化と人事部の役割

■これまでの組織における人材　　　　■これからの組織における人材

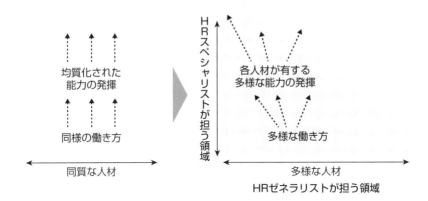

い。言うまでもなく、人事部の業務は人事各領域の専門性の積み重ねのみで
は対応できない部分がある。各組織に特有の事項、組織構造に関する問題は、
各組織の歴史、経緯、そして社内における他の業務との関係を踏まえた対応
が必要であり、こうした部分はHRゼネラリストによる対応が望ましい。

　それに対してHRスペシャリストは、[図表9]の縦軸を担うことになる。言
い換えると、主として人材の能力発揮を推進する役割である。一つの組織に
多様な人材がいる中で、画一的な育成制度、報酬制度では従業員は十分な活
躍ができない。各制度について高い知見をもって、制度の構築、改訂、運用
を行うことが必要となる。

❹ 多様な人材を活かすためのデータ活用

　[図表9]の左右を比較すると、横軸、縦軸以外にも色の濃度が変わってい
ることにお気づきだろうか。これからの組織は、適材適所を貫き通すことに
より、人材の能力発揮を最大限に促し、成果を高めることが必要である。こ
の人材を「濃く」活用するために必要となるのが「データ」である。今後の
人事部の役割としてデータの取り扱いは重要なテーマであるので、ここで触
れておきたい。

いまだに「生き字引」的な人事部長が、従業員の情報を把握し、その判断で登用・配置を行うケースを耳にするが、「人事の３Ｋ」（記憶、勘、経験）による人材活用は「多様な人材」×「多様な働き方」を活かすことができず、間もなく終焉を迎えるはずである。しかしながら、こうしたデータドリブンの人事、データを活用した人材配置というテーマは、昨今の人事領域における「総論のみ賛成」のテーマの典型例ではないだろうか。

　データを活用するための優れたサービスが数多く出現している中、既に多くの情報システム（基幹システムの中の人事系情報システムも含む）が社内に存在している関係でデータの整合性が確保されていない、個別のアプリケーションを用いて管理しているために横断的なデータの保管や分析が難しいなどのケースがある。データの活用について「総論は賛成だが、実際は難しい」と多くの人事部から聞こえてくる悩みは、この点に理由があろう。

　人事データの整備や活用については、二つのアプローチを同時に進める必要がある。まず、短期的には、目の前にあるデータのみを活用して、迫っている課題に対応することである。データが整備されていれば、得られる知見が広がる可能性は確かにある。しかしながら、データが整備されていないこと、一部のデータが欠損していることを理由にデータの活用を尻込みしては先に進むことができない。最後に判断するのは人事部であり、その判断を科学的に、より確からしいものに裏づけるのがデータである。あくまでもサポートのツールであることを踏まえておく必要があろう。

　ある企業では、経営幹部人材の候補者検討に際し、データの活用を検討しようとしたところ、人事評価や直近の研修実施状況については記録があるものの、一部の人材についてデータが欠損していること、過去の適性検査の情報が見当たらず、データ量が不十分であることを理由に、データの活用をためらうケースがあった。最後の判断は、どこまでデータを突き詰めたとしても恣意性が入るものである。データの活用に完全を求めてはならないことに注意が必要である。

　また、中長期的には、人事データを整備するための仕組みづくりが必要である。企業内の基幹システムとの関係や、持株会社において傘下の企業が別

の情報システムを使っているケースなど、データの整備が難しい理由はさまざま存在する。これを直ちに解決することは難しいが、重要となるのは人事データの整備や活用を担うキーパーソンの存在である。

5 データの存在が、人事を経営レベルに高める

人事データの積極的な活用は、多様な人材の活用施策による直接的効果のみならず、人事部を戦略のパートナーに引き上げるという間接的な効果ももたらす。

これまでの人事部には、前述のとおり専ら異動・任用など社員の処遇を決める役割が期待されていたことから、一般的に、データを定量的データと定性的データに大別するとすれば、人材に関する定性的なデータを重視する傾向にあったのではないか。もちろん、定性的なデータを否定するものではないが、人事部の有する情報が定性的なデータ中心であり、かつ、秘匿性が高いことにより、人事部が経営から切り離される傾向があった。単純な比較はできないが、企業の損益計算書、貸借対照表は定量的なデータであり、さまざまな局面でステークホルダーに対し開示されることを当然とする。データが定量的かつオープンであることは、経営レベルでの議論を可能にすることになる。今後は、その内容次第ではあるものの、人事に関連するデータも定量的かつオープンにすることが必要になるだろう。

前述のISO30414は、情報開示の利点の一つとして「比較可能な意味で組織の価値を説明する、標準化され、合意されたデータの使用」を挙げており[3]、定量的なデータの収集とそれに基づく情報開示を前提としている。既に一部の企業において[図表10]のような開示例があるが、今後、定量的なデータを活用した情報開示が進めば、経営目線での人事部の存在がますます重要視されることになろう。

---

[3] 原文は "the use of standardized and agreed data, which describes organizational value in a broadly comparable sense;"（本書執筆時点）。なお、本文中の日本語訳は筆者による。

図表10　定量的なデータを用いた情報開示の例

ダイバーシティ	外国人等の役員数、女性役員数、女性管理職数、女性管理職比率、女性従業員数、女性従業員比率、平均勤続年数、自己都合退職率、障がい者雇用率、育休取得者数、男性育休取得率、育児・介護等による休職からの復職3年後の継続就業率、再雇用・中途採用人数、職種・雇用形態の転換人数、新規採用人数、キャリア採用人数　等
人的資源開発	階層別研修におけるCSR教育人数、年間総研修時間、1人当たり平均研修時間、年間総研修費用、1人当たり平均研修費用　等
労働慣行指標	月間法定外労働時間、有給休暇取得率、従業員組合加入率　等

資料出所：三井住友フィナンシャルグループ「ESG DATA BOOK 2020」を基に筆者作成

6 データ活用を担うのは誰か

　ところで、昨今、人事領域に限らず、データ分析を担う専門人材の採用や育成に注目が集まっている。人事領域においても、こうした分析に長けた人材を配置することが望ましい。しかしながら、それ以前に重要となるのは、データを取得・整理する仕組みをつくることであり、人事部内に必要となるのは、データ「分析」のスペシャリストよりもデータ「取得」のスペシャリストだろう。人事領域に限らず、かねてより日本には情報システム、ITを担う人材の地位が相対的に高くない傾向にある。多くの人事部が情報システムの専任担当者を設けるケースは多いが、上長がその重要性を十分に理解していないために意思決定に時間を要したり、また、新システムへの投資等についても後回しにされたりする傾向がある。

　人事データの管理運用、そのためのシステム企画は、今後の人事の最重要ポジションとなる。すべての人事業務を理解し、かつ、社内全体のデジタル化とも整合性を確保しなければならない。時には、他の業務との整合性を取るために能動的な発想で人事システムの担当が他部署を牽引していく必要があろう。人事データを取り扱うポジションは前述のHRスペシャリストの最高難度のポジションといえよう。HR各領域を一通り理解しつつ、デジタル領域の知見も必要となるゼネラリスト的素養を兼ね備えたスペシャリストでなければならない。配置転換等を含めた計画的な育成が求められる。

4 人事部の機能・役割の変革に向けて

■ 各領域のHRプロフェッショナルの必要性

　前記では、多様な人材と多様な働き方が予想される中で、人事部が能動的かつ経営目線での機能・役割を果たすために、HRゼネラリストとHRスペシャリストそれぞれの役割、高度な人材活用のために必要となるデータ、そしてデータを担うHRスペシャリストの重要性を述べた。データの例はあくまでも一例だが、人事部が有する機能について、一つひとつが高度化していることは間違いない。

　人材育成の領域だけを例に見ても、その仕組みは多様化している。オンラインでの面談、AIの活用、個々のバックグラウンドや習熟状況に合わせた育成プログラムの存在、グローバル拠点における現地採用スタッフ育成の例など枚挙にいとまがない。人事部が複雑化した社会、組織、そして多様な人材に対して能動的に働き掛けるためには、こうした個々の領域のプロフェッショナルが必要となる。これまで人事部へのアサインは、会社全体としてゼネラリストとしての育成プロセスの中で人事部の業務を一過的に経験することが多かったが、それでは太刀打ちできないだろう。

■ HRプロフェッショナルの条件

　このように、人事部に求められる役割がますます多様化・複雑化している。それでは、そのための専門知識を身に付けさえすれば課題に的確に対処できるようになるかというと、事はそれほど単純ではない。

　人事部は社内外の全方向から常にプレッシャーを受けており、それに適正に対処しながら、多様化・複雑化する役割を遂行していかなければならないのである[図表11]。

（1）社内からの圧力

　先に述べたとおり、人事部には経営目線と従業員目線を併せ持ったバランス感覚が求められる。これが「人」という経営資源に関わる人事部固有の難

図表11　人事部への内圧と外圧

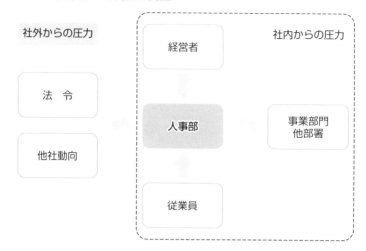

しさである。

　一方で経営陣からの（時に理不尽な）さまざまな要求に応えつつ、他方で従業員層からの要望や不満・苦情に対処していかなければならない。経営者の要求と従業員の要望が相反することが少なくないため、人事部には両者の折り合いを見いだしつつ、施策を企画・実行する難しい舵取りが求められる。

　それだけにとどまらない。横からの圧力、すなわち、事業部門や他部署からのプレッシャーも無視できない。例えば、人事部主導でジョブローテーションを敢行しようとしたところ、事業部門から抵抗を受けて頓挫した、という経験をもつ人事スタッフは決して少なくないだろう。また、事業部門が抱える課題を人事部に訴えてきたが、全社的な人事慣行との折り合いがつかず、ジレンマに直面している人事スタッフもいるだろう。社内の上下左右から、常時さまざまな圧力が人事部にかかっているのである。

（2）社外からの圧力

　社外からの圧力も拡大している。最大のプレッシャーは法令改正の動きである。近年の「働き方改革」をはじめ、激変する社会経済を反映して労働法

令が目まぐるしく変わっている。従前であれば法令に完全に適合した人事管理であっても、今やそれがコンプライアンス違反になることがあり得る。

例えば、少し前であれば、年次有給休暇を1日も取得しない社員がいたとしても、「本人の問題」で済まされていたかもしれないが、今や労働基準法違反となり得る。明確に法令違反になる場合には、制度を変える以外に選択肢がないので話は比較的簡単だ。しかし、同一労働同一賃金のように、判例が確立されていないためグレーゾーンが大きく、現状を維持しても問題ないのか、あるいは現状を変革すべきなのか不分明な場合もあり、対応に苦慮するケースも少なくない。

さらに、一般産業界、特に同業他社の動きも気になるところである。人材獲得競争が激化する中、競合他社と比べて自社の報酬水準や人事施策が劣後しないよう、常に同業他社の動向に注視していく必要がある。

以上のように、社内外の圧力に適正に対処しながら多様化・複雑化する役割を果たしていけるかどうかが人事部には問われている。そのためには、すべての人事スタッフが、"人事のプロ"としてのHRコンピテンシーを身に付ける必要がある。それができて初めて、「人事スタッフ」から「HRプロフェッショナル」へと脱皮できる。これがHRプロフェッショナルの条件といえるのではないか。

３ HRコンピテンシー

HRプロフェッショナルが身に付けるべきコンピテンシーとはどのようなものだろうか。

HRゼネラリストにせよ、HRスペシャリストにせよ、先に述べた社内外の圧力を絶えず受けながら職務を遂行しなければならない点は同じである。このため、HRプロフェッショナルには、HRMに関するテクニカルな知識だけでなく、経営の立場で物事を考えられるビジネス感覚や意思決定スキル、他部署と渡り合うためのコミュニケーション能力、従業員に対する相談・支援能力、法令や他社の動向をいち早く察知し対処する情報解析能力など、包括的なスキルが求められる。

[図表12]はHRプロフェッショナルの職能団体であるアメリカ人材マネジメント協会（SHRM：Society for Human Resource Management）が提唱するHRコンピテンシーの一覧表である。これを見ると、HRプロフェッショナルにはテクニカルスキルのほか、リーダーシップ、ビジネス、対人などさまざまなスキル・セットが求められることが分かる。

単にHRMの諸領域について詳しくなれば、自動的にHRプロフェッショナルになれるわけではない。それはあくまで必要条件にすぎず、コンセプチュアルスキルやヒューマンスキル、さらには"人事のプロ"としての倫理規範（従業員のプライバシー保護や人事情報に関する守秘義務、順法精神など）を

図表12　アメリカ人材マネジメント協会（SHRM）が提唱するHRコンピテンシー

分　類	項　目	定　義
テクニカル （Technical）	HRの専門性（HR Expertise）	HRMの基本と実践、機能を理解できる
リーダーシップ （Leadership）	倫理の実践（Ethical Practice）	組織・事業全体において、会社の中核的な価値観、誠実さ、責任性を統合的に実践できる
	リーダーシップと誘導 （Leadership and Navigation）	組織内で率先して行動し、その遂行過程に貢献できる
ビジネス （Business）	ビジネス感覚 （Business Acumen）	情報を解釈・適用し、組織の戦略に貢献できる
	相談・支援（Consultation）	組織の関係者に対し、相談・支援できる
	判断・意思決定 （Critical Evaluation）	情報を適正に解釈し、業務上の判断・助言ができる
対人 （Interpersonal）	コミュニケーション （Communication）	組織の関係者と効果的に情報交換できる
	多様性の尊重（Global and Cultural Effectiveness）	全ての関係者の価値観やバックグラウンドを尊重できる
	関係構築・連携 （Relationship Management）	周囲と的確に交流し、人事サービスの提供と組織への貢献ができる

資料出所：Society for Human Resource Management「The SHRM Competency Model®」を基に筆者作成

含めたHRコンピテンシーの全体を身に付けない限り、経営のパートナー、従業員のサポーターとしての役割を真に果たすことは難しい。

④ HRプロフェッショナルの育成

　HRプロフェッショナルを育成する際は、前記のようなHRコンピテンシーも念頭に置きながら、専門スキルの養成と実務経験の蓄積を組み合わせた施策を戦略的に推進する必要がある。HRゼネラリストについては、人事全般の業務知識、経験はもちろんのこと、そのほかの管理系の組織、事業部門との横断的なローテーションによる育成が必要となろう。事業部門から見た人事部門に対する納得感を得て、全社的な信頼関係を構築し、人事部に経営や業務の視点を取り入れなければならない。人事部門が公正な立場であり、かつ、全社的な影響力を発揮する必要があるからこそ、全社的なバランス感覚は不可欠である。

　HRゼネラリストの役割は「多様な人材を組織として受け入れるための土台づくり」であり、可能であれば社内の多様な人材を網羅的に把握し、戦略の立案や施策の検討を行うことが望ましい。しかしながら、組織の規模が大きければその重責を一人で担うのは不可能であり、複数のHRゼネラリストにより、全社を把握する体制を確保することが重要となる。

　一方、HRスペシャリストについては、人事領域での価値を測る手段として、複数組織での経験や経験の長さを指標にすることが多い。昨今、いわゆるジョブ型の人事制度が注目されているが、このHRスペシャリストについては特に「ジョブ」が意識されることになろう。こうした人材は自社内で独自に育成することが難しく、中途採用市場から適切な人材を採用・確保することが望ましい。

　なお、人事部においてジョブ型が適用される場合には、ジョブ型人材のキャリア形成にとって魅力的な業務をアサインする必要がある。一定の経験を有するHRスペシャリストに対して、その人材のステップアップにつながる業務をアサインし続けるには相応の工夫が求められることになろう。

　さらに、HRスペシャリストは、真のスペシャリストとして価値を高めるた

図表13　HRプロフェッショナルのキャリアと人事部機能の変革

	HRゼネラリスト	HRスペシャリスト
入口	・他の事業部門からの異動 ・人事部の中での異動	・専門領域のスペシャリストとして他社から転職（領域は変わらない）
育成	・人事部の中で複数の領域を経験	・専門とする領域の経験 ・学術的な知見の獲得（大学等との連携）
出口	・人事部の管理職に昇任 ・他の事業部門に異動	・専門領域のエキスパートとして社内で昇進 ・他社に転職（専門領域は変わらない）

"HRプロフェッショナル"の確立により、会社の成長を能動的に牽引する人事部へ

めに、経験に加え、理論面から学問的に、そして科学的なアプローチが必要となろう。日本では、こうした観点での育成機関が少ないように思えるが、人的資源管理、産業心理学、統計学、教育学等の領域においてなど、大学を含めた専門教育機関との連携も必要になると思われる [図表13]。

5 HRプロフェッショナルの確立による人事部機能の変革

　本稿の冒頭で、「組織のパフォーマンスの大きさを決めるのは人材である。いかなる組織であっても、持てる人材を超えるパフォーマンスを上げることはできない」というドラッカーの言葉を引用した。「組織」を「人事部」に、「人材」を「人事スタッフ」に置き換えれば、この言葉は人事部機能の変革を考える際にもそのまま当てはまる。

　「社長から指示されたのでやむなく」「法令が改正されたので仕方なく」という受動的な役割から脱皮し、人事部が会社の成長を牽引する機能を果たすためには、業務分掌規程の見直しによる人事部の権限拡大等の形式的な対応では不十分である。真の課題解決のためには、人事部を支える人材、すなわち、HRプロフェッショナルの確立が欠かせない。

　本稿で解説したように、特定専門領域のエキスパートであるHRスペシャ

リストを戦略的に確保・育成するとともに、HRゼネラリストの役割についても、時代の変化に即して再定義していくことが不可欠といえるだろう。事業部門が必要とする人材の採用・育成を実現することはもちろん、人事部がそれ自身の人材ポートフォリオを構築し、戦略のパートナーとして経営に貢献する体制を整えることが期待される。

林 浩二　はやし こうじ

株式会社日本総合研究所
人事組織・ダイバーシティ戦略グループ
部長／プリンシパル

厚生労働省を経て日本総合研究所入社。人事労務管理を専門フィールドとし、国内系から外資系まで幅広い企業において人事制度改革を支援。著書に『進化する人事制度「仕事基準」人事改革の進め方』『基本と実務がぜんぶ身につく 人事労務管理入門塾』『コンサルタントが現場から語る 人事・組織マネジメントの処方箋』（いずれも労務行政）などがある。

國澤勇人　くにさわ はやと

株式会社日本総合研究所
人事組織・ダイバーシティ戦略グループ
マネジャー

日本総合研究所入社後、法務部門、人事部門を経て、人材採用戦略立案、人材育成体系構築、デジタル人材育成、デジタル経営のための組織改革、役員人材マネジメント改革、産学官連携推進等のコンサルティングに従事。共著に『コンサルタントが現場から語る 人事・組織マネジメントの処方箋』（労務行政）。

会社概要

本社　東京都品川区東五反田2−18−1　大崎フォレストビルディング

資本金　100億円

従業員数　2768人（2021年3月末現在）

事業概要　日本総合研究所は、シンクタンク・コンサルティング・ITソリューションの三つの機能を有する総合情報サービス企業である。「新たな顧客価値の共創」を基本理念とし、課題の発見、問題解決のための具体的な提案およびその実行支援を行っている。

https://www.jri.co.jp/

カバーデザイン／志岐デザイン事務所

印刷・製本／日本フィニッシュ

進化する人事部

2021年7月27日 初版発行

編　者　労務行政研究所
発行所　株式会社 労務行政
　　　　〒141-0031 東京都品川区西五反田 3 - 6 - 21
　　　　　　　　　住友不動産西五反田ビル 3 階
　　　　TEL：03-3491-1231　FAX：03-3491-1299
　　　　https://www.rosei.jp/

ISBN978-4-8452-1432-7